STÉPHANE FRANKE

FITNESS à la Carte!

STÉPHANE FRANKE

FITNESS
à la Carte!

INHALT

INHALT

FITNESS À LA CARTE – DAS BESTE IST GERADE GUT GENUG!

Essen ist Genuss und war in meiner Familie schon immer ein kleines Fest. Rund um den Herd und am großen, gedeckten Tisch habe ich die schönsten gemeinsamen Stunden mit meinen Eltern und meinem Bruder verbracht. Wir hatten großes Glück, denn meine Mutter fühlte sich als Französin auch der Küchentradition ihres Landes verpflichtet. Ihre Kochkünste haben mir die Welt des Geschmacks erschlossen. „Beim Essen wird nicht gespart", lautete das Motto unserer „Küchenchefin", und so gelangten alle frischen Köstlichkeiten auf unsere Teller, die ländliche Märkte im Laufe der Jahreszeiten zu bieten haben.

Mahlzeiten sind kleine Höhepunkte des Tages. Das waren sie selbst während meiner Zeit als rast- und ruheloser Profisportler. Heute ist gemeinsames Essen für meine Familie und mich eine besondere, feste Verabredung. Beim Zusammentreffen im gemütlichsten Raum unseres Hauses steht die Uhr für eine Weile still.

Bei Frankes wird nicht nach Zahlen, Farben und Fettaugen gegessen, sondern großzügig und mit Liebe gekocht. Das ist wörtlich gemeint, denn ich bin mir sicher, dass der alte Spruch stimmt: Pfeifen Sie also ein Liedchen und denken Sie an etwas Schönes, wenn Sie Gemüse putzen und Pfannkuchen in der Pfanne hüpfen lassen.

Es gibt viele Beweggründe für dieses Buch: Einer davon ist die erschreckende Tendenz zu Tütensuppen und Dosensoßen, die andere zunehmender Snobismus. Da werden herrlich kernige Dinge, die sich wundervoll beißen, kauen und genießen lassen, bis zur Unkenntlichkeit verfeinert. Geschmack kommt allzu oft vor Inhalt. Derart entwertete Gaumenkitzel machen Nahrungsergänzungsmittel zum Überleben dringend erforderlich.

Nicht mit uns! Hier gibt es keine halben Portionen, sondern Fitness à la carte. „À la carte“ speisen heißt, sich das Beste herauszusuchen. Das sind ursprüngliche Gewächse aus dem großen Garten der Natur, die nicht nur lecker schmekken, sondern wirken, indem sie Körper, Geist und Sinne beleben.

Fitness und gute Laune gehen durch den Magen. Es ist verblüffend leicht, mit einfachen und vollwertigen Mahlzeiten gesund und leistungsfähig zu bleiben. Ich möchte Sie daher nicht mit wissenschaftlichen Fakten füttern und komplizierte Rezepte verbreiten, sondern Ihnen mit appetitlichen Lesehäppchen Lust und Mut zum geschmacklichen Experimentieren machen.
Kommen Sie mit auf eine Entdeckungsreise in die Welt der Nährstoffriesen und Geschmackszwerge und erfahren Sie, wie Sie mehr Energie für Beruf und Freizeit gewinnen.

Weil Geschmack eine individuelle Sache ist, lässt dieses Buch viele Feinschmecker zu Wort kommen. Prominente Sportler erzählen von ganz persönlichen Vorlieben und Abneigungen, und Sternekoch Frank Rosin verrät seine leckersten Rezepte für zähe Waldläufer und ausdauernde Nachtschwärmer. Ich habe ihn gebeten, uns durch die Jahreszeiten zu begleiten, denn Frühling, Sommer, Herbst und Winter beeinflussen unser Leben nicht nur kulinarisch. „Iss alles was gut tut!“ lautet unser Motto für jede neue Saison, die mit bunter Vielfalt glänzt. Leben und Kochen ist Bewegung – und Abenteuer!

Machen wir uns gemeinsam auf den Weg!
Stéphane Franke

Kochen im Rhythmus der Jahreszeiten

Erdbeeren im Winter, Partytomaten aus Südafrika, Babyananas ganzjährig per Luftexpress? Unsere exotische Nahrungsvielfalt stimmt mich nachdenklich. Zumal heute kaum noch jemand Butterrüben und Schwarzwurzeln und Pastinaken kennt. Und alte, wundervoll aromatische Kartoffelsorten, die Selma oder Bamberger Hörnle heißen. Außerdem gibt es von Juni bis Mitte August keine frischen Äpfel. Da ist Apfelpause – und die haben auch unsere Großeltern ohne Importe aus Neuseeland und Chile überlebt.

Unser Kaufverhalten gegen die Natur hat Folgen: Manche Bauern hören mangels Nachfrage auf, bestimmte Gemüsesorten anzubauen. Nichts gegen Dauerbrenner wie Brokkoli und Eissalat – doch möchten Sie immer das Gleiche essen?

Wer saisonale Vielfalt und Geschmackswunder voller Energie will, muss Marktgänger werden. Spaziergänge über den heimischen Wochenmarkt bewirken aber noch mehr: Sie lassen Freundschaften entstehen und entfachen kochende Leidenschaft. Kein Marktbesucher wird je lange in Kochbüchern blättern wollen. Auf dem Markt springen Kochideen aus jeder Holzkiste oder sie liegen ganz einfach in der Luft. Am wundervollsten: der Herbstmarkt, wenn die Blätter fallen und übers Kopfsteinpflaster trudeln und alles erdig und würzig riecht und so bunt ist, dass einem die Augäpfel aus den Höhlen fallen. Welche Freude, wenn die Marktfrau Mitte August den ersten Kürbis anbietet oder ankündigt, dass es nächste Woche selbst gemachtes Sauerkraut gibt!

Wie schön, wenn plötzlich irgendwo geschrieben steht, dass Kohl und schwarze Rüben die besten Waffen gegen Winterschlaffheit sind. Und Kresse Dauerpower bringt und Rote Bete schöne Haut schenkt. Als ob wir das nicht längst wüssten!

Kochen mit den Jahreszeiten ist spannend und ergiebig. Und wirkt. Denn die Natur weiß, warum sie was zu einem bestimmten Zeitpunkt wachsen lässt. Entdecken Sie das Kochen im Rhythmus der Jahreszeiten wieder. Vielleicht kombinieren Sie einheimische Gewächse ja auch einmal verwegen mit Exoten? Kochen ist Bewegung. Zu Fuß und zu Kopf.

Ihr Einsatz ist gefragt

Sportler treibt der Hunger zwangsläufig in die Küche. Ob sie da auch zu kochen anfangen, oder nur den Kühlschrank plündern, hängt von der jeweiligen Situation (es ist niemand da, der sie bekochen könnte) oder der Entschlossenheit ab, gewisse Dinge jetzt und sofort so und nicht anders essen zu wollen. Für ein gute Mahlzeit muss man schon ein wenig Einsatz bringen, kann dann aber davon ausgehen, dass sie ein Gedicht wird.

„In puncto Geschmack bin ich ein richtiger Normalo"

Nachgefragt: Frank Rosin...

... über Sport:
Bevor ich Koch geworden bin, habe ich ziemlich professionell Tischtennis auf Landesebene gespielt, stand mit 13 Jahren schon in der Herrenauswahl unseres Vereins. Ich kann eigentlich alles gut, was mit Schläger und Ball zu tun hat. Heute bleibt mir leider keine Zeit für besondere sportliche Aktivitäten. Außerdem sind meine Crew und ich Ausdauertiere in der Küche und laufen dort allabendlich zu Höchstform auf. Mein größter sportlicher Traum als leidenschaftlicher Schalke-Fan: Einmal den Anstoß haben und dann zehn Minuten mitspielen dürfen.

... über Bärenhunger:
Natürlich ist in einem Feinschmeckerrestaurant alles so konzipiert, dass der Gast das mehrgängige Menü bis zum Dessert schafft und nicht schon vorher pappsatt ist. Aber wenn jemand bei mir aufkreuzt und sagt, dass er einen Wahnsinnshunger hat, bekommt er natürlich noch einen Nachschlag. Die Leute müssen einfach die Schnauze aufmachen.

... Mittagessen und Zwischenmahlzeiten
Ich frühstücke gut und esse früh zu Abend. Dann beginnt der anstrengendste Abschnitt des Tages. Zwischendrin zwinge ich mich, ein paar gesunde Happen zu futtern. Das sind dann Weintrauben, eine Kiwi, Karotten oder gedünstete Kohlrabi. Mittagessen gibt es bei mir eigentlich nicht. Oft kommt jedoch meine Mutter mit einer Tupperschüssel 'rüber und mahnt „Junge, jetzt iss mal wieder was Richtiges!" Dann packt sie Wirsingrouladen aus oder Spinat mit Stampfkartoffeln. Das ist wundervoll, denn es schmeckt mir am besten, wenn ich von jemand anderem bekocht werde. In puncto Geschmack bin ich übrigens ein richtiger Normalo.

... Hobbyköche
Auch wenn es etwas pathetisch klingt: Kochen ist wie das Leben. Das Kochbuch kann nur eine Anleitung geben. Jeder kocht in seinem eigenen Stil und hat seinen eigenen, einzigartigen Geschmack. Auch wer sich zunächst akribisch an die Vorgaben hält, wird das Gericht mit seinen ganz persönlichen geschmacklichen Vorlieben verändern. Und sei es nur durch ein paar Extra-

Körnchen seines Lieblingsgewürzes oder eine um wenige Augenblicke längere Kochzeit. Das ist aber gerade das Tolle an der ganzen Sache: Einfach mit Fantasie loslegen und ohne Hemmungen experimentieren. Etwas anderes machen wir in unserer Profi-Küche doch auch nicht. Bei uns gleicht kein Essen dem anderen, auch wenn es faktisch den gleichen Namen trägt.

Über Frank Rosin

„Besser spontan bleiben", heißt das Motto von Frank Rosin. Der 38-Jährige betreibt in Dorsten ein Restaurant, in dem alles andere als konventionell gekocht wird. „Überraschend, ideenreich und etwas verrückt" beschreibt er, was seine Gäste erwartet. Bei Rosin, der als Sous-Chef auf der Luxusyacht „Sea Cloud" übers Mittelmeer schipperte, wird mediterrane Küche fantasievoll mit traditionellen Gerichten aus dem Ruhrgebiet kombiniert. Seine Produkte bezieht der Mitbegründer der Köchevereinigung „Junge Wilde" von einheimischen Erzeugern, Frische und höchste Qualität der Zutaten sind ihm wichtig. Dass seine Arbeit unlängst mit einem Michelin-Stern belohnt wurde, spornt den „Spielführer" des „Rosin" umso mehr an. Zu sehen ist er – ganz ohne Kochmütze – auch regelmäßig im „Wellness-TV" der ARD.

1. FETT MACHT NICHT FETT

Fett ist ungesund und macht dick? Stimmt nicht, denn wer auf Herkunft und Dosis achtet, hat seine Freude mit dem Powerbrennstoff. Zugegeben, ein wenig verwirrend sind die Beziehungen in der Großfamilie der Fette schon. Bitte schön – Basiswissen und Küchengeheimnisse rund um den größten Kalorienspender, der als Aromaträger einfach unverzichtbar ist. Ran an die Flaschen und genießen!

FETT MACHT NICHT FETT

Kleine Hymne an das großzügige Fettauge

In vollkommener Harmonie ruhe ich nach einem entzückenden Lauf durchs Gelände und einem wundervollen Abendessen in meinem Ohrensessel. Höchste Zeit, ein Loblied auf das träge, kleine Fettauge zu singen: Keine sättigende Sportlermahlzeit ohne Fett, keine Kanalüberschwimmung ohne Unterhautfettgewebe – selbst die Knochen würden uns wie englisches Shortbread zerbröseln, hätten wir nicht ein wenig Glyzerin mit Fettsäuren in unserer Suppe. Liebe Leserinnen und Leser, wir verdanken ihr viel, dieser hübsch gereihten Atomkette, und es sollte uns nachdenklich stimmen, wenn wir im Supermarkt der Vollwertigkeit beraubte und auf Null-Komma-Fett reduzierte Speisen entdekken. Rollen da amerikanische Verhältnisse auf uns zu? Nein, Fett ist kein Bösewicht und erst recht kein Dickmacher, rufe ich da erschüttert und so laut ich kann in die kulinarische Welt der Missverständnisse und Unwissenheit!

Verrückte Welt: In den USA wird selbst Mineralwasser auf dem Etikett mit dem Aufdruck „fat free" beworben.

Ohne Fett läuft nichts in Küchen und Körpern. Fette sind wahre Multitalente und sie meinen es gut mit uns: Ein Gramm liefert mit neun Kilokalorien doppelt soviel Energie wie Eiweiß und Kohlenhydrate. Fett ist aber nicht nur eine großzügige Substanz, die Kanalschwimmer, Bauarbeiter, Langstreckenläufer und Sesselträumer vor lästigem Magenknurren bewahrt – Fett sorgt als Aromaträger auch dafür, dass unsere Mahlzeiten lecker schmecken und gut duften. Ganz nebenbei löst die chemische Verbindung von Glyzerin und drei Fettsäuren die

lebenswichtigen Vitamine A, D ,E und K im Darm, so dass der Organismus sie aufnehmen und verwerten kann. Fett hat auch eine „tragende" Rolle beim Aufbau der Zellwände und des Bindegewebes, das unser Skelett vor dem Zerfall bewahrt. Vorsicht vor ansteckender Fett-Hysterie und Schlankheitswahn: Wer sich zu fettarm oder gar fettfrei ernährt, kann damit chronische Gelenkbeschwerden auslösen. Nicht zuletzt ist Fett auch ein Baustein der Hormone und hat damit tief greifenden Einfluss in die Regelkreisläufe des Organismus.

Sicher haben Sie schon von gesättigten und ungesättigten Fettsäuren gehört: Die Struktur der Fettsäuren ist eine Kette von 4–24 Kohlenstoffatomen, die bei den gesättigten Fettsäuren durch einfache chemische Bindungen miteinander verknüpft sind. Ungesättigte Fettsäuren haben eine oder mehrere Doppelbindungen. Gesättigte Fettsäuren kommen größtenteils in Nahrungsmitteln tierischen Ursprungs vor und enthalten auch Cholesterin. Das macht sie zu einer Substanz, die mit Vorsicht zu genießen ist – ganz besonders, weil Europäer Butter, Milch, Fleisch, Wurst, Käse – und, ja, auch Schokolade – zum Fressen gern haben. Untersuchungen haben ergeben, dass Speisefette in den Mahlzeiten des Durchschnittsbürgers heute leider zu nahezu zwei Drittel aus gesättigten Fettsäuren bestehen. Ernährungsexperten raten Orientierungslosen dazu, gesättigte, einfach und mehrfach ungesättigten Fettsäuren wenigstens in gleichen Anteilen zu konsumieren.

Sie können dritteln, aber auch „Green Power" favorisieren, denn mit pflanzlichen Fetten sind Sie immer auf der sicheren Seite: Pflanzenfett oder Öl aus Früchten und Samen enthält neben Glyzerin entweder einfach oder mehrfach ungesättigte Fettsäuren, die den Organismus positiv beeinflussen. So senkt die beispielsweise in Olivenöl zu rund 78 % enthaltene Ölsäure – eine einfach ungesättigte Fettsäure – den Cholesterinspiegel und beugt damit Herz-Kreislauferkrankungen vor. Kürbiskernöl besitzt Linol- und Linolensäure (mehrfach ungesättigte Fettsäuren), die den Stoffwechsel und die Arbeit des Immunsystems unterstützen. Die zweifach ungesättigte Linolsäure und die dreifach ungesättigte Linolensäure werden essentiell genannt, weil der Körper sie nicht selbst bilden kann und sie ihm durch die Nahrung zugeführt werden müssen. Zahlreiche Pflanzenöle enthalten neben weiteren gesundheitsförderlichen Fettbegleitstoffen auch besonders viel Vitamin E, das die Durchblutung anregt, aber auch Herz, Kreislauf und Nerven stärkt.

Ganz im Vertrauen noch ein paar ernste Worte über eine unangenehme Charaktereigenschaft der gesamten Fett-Familie: Fette sind zwar bewundernswert freigiebig, aber auch ziemlich anhänglich. Überschüssige Fettkalorien eines üppigen Mahls warten an den unmöglichsten Stellen unserer sportlichen Silhouette beharrlich auf „schlechte Zeiten", in denen sie uns, liebe Leserinnen und Leser, aufopfernd zur Verfügung stehen möchten. Leider treten energetische Engpässe im modernen Leben nur selten ein. Laufen Sie 25 Marathons am Stück, kämpfen Sie gegen Drachen oder residieren Sie in einer unbeheizten Höhle? Nein? Dann sind tägliches Engagement beim Kochen, gesteigerte Aufmerksamkeit bei der Nahrungsaufnahme in „freier Wildbahn" und ein Mindestmaß an regelmäßiger Bewegung gefragt. Checken Sie Ihre Mahlzeiten und nehmen Sie die einzelnen Bestandteile unter die Lupe: Kochen Sie vorwiegend mit tierischen Fetten und sammeln damit fleißig gesättigte Fettsäuren und Cholesterin? Frühstücken Sie morgens hauptsächlich tierische Fette (die „klassische" Ouvertüre mit vielen Milchprodukten und Wurst), und wie sieht Ihr Abendbrot aus? Eine Bestandsaufnahme des täglichen „Inputs" hat schon vielen, durchaus gesundheitsbewussten Menschen, die Augen für Defizite ihres Ernährungsprogramms geöffnet.

Aufgepasst bei Fertigprodukten und Fastfood:

Bleiben Sie auch bei „schnellen" Zwischenmahlzeiten wachsam: Fertigprodukte und Fastfood enthalten oft so genannte Transfettsäuren. Dabei handelt es sich um Fettsäuren, die ihre Molekülstruktur durch das Einwirken von Hitze verändert haben. Wissenschaftler vermuten nicht nur Zusammenhänge zwischen dem häufigen Konsum von Transfettsäuren und einem erhöhten Cholesterinspiegel, sondern schließen auch Schädigungen der Blutgefäße und der Darmschleimhaut nicht aus.

Sie sind nun etwas verwirrt und auch ein wenig verunsichert? Bleiben Sie gelassen, behalten Sie den Überblick über die Bestandteile Ihrer Mahlzeiten und setzen Sie die einzelnen Komponenten – wenn nötig – neu zusammen. Machen Sie es sich auch zur Gewohnheit, einen kurzen und kritischen Blick auf die Zutatenliste von Lebensmitteln zu werfen und lassen Sie ungesunde Kunstprodukte immer öfter im Regal liegen. Zu guter Letzt: Reduzieren Sie den Anteil des Fetts in der täglichen Gesamtenergiemenge auf rund 30 Prozent (das sind ca. 80–90 Gramm), essen Sie möglichst viele pflanzliche Fette und werden Sie regelmäßig sportlich aktiv. Walking, Laufen, Schwimmen und Radfahren sind ideale „Fettkiller" – vorausgesetzt, Sie trainieren im Ausdauerbereich: Fettdepots lassen sich nicht „mal eben" mit einem Sprint um den Block oder kurzen Kraftakten „abräumen". Nur wer sich eine längere Zeit in moderatem Tempo bewegt, verbrennt den „Dieselkraftstoff" Fett. Wenn Sie sportlich immer nur Gas geben, verheizen Sie Kohlenhydrate und behalten Ihre „Rettungsringe" für

Bei der Gewichtsreduktion ist ausschließlich die Kalorienbilanz – der Vergleich von verbrauchten und verzehrten Kalorien – entscheidend. Nehme ich mehr Kalorien zu mir als ich verbrauche, wird mein Körper den Überschuss in Fettpölsterchen anlegen.

harte Zeiten. Gute Nachrichten für alle, die Durchhaltevermögen zeigen: Mit regelmäßigem Ausdauertraining passt sich der Körper nach einiger Zeit den sportlichen Gewohnheiten an und erhöht die Bildung fettverbrennender Enzyme. Während eines mehrwöchigen Trainingslagers in Amerika verwandelte ich mich in den neunziger Jahren in einen Kalorien-Knauserer und Nährwert-Buchhalter, der im Supermarkt an Kühltheken stundenlang Fettanteile von Joghurts verglich. Die aggressive amerikanische „Anti-Fett"-Gesundheitskampagne förderte meinen Reduktionsfimmel nur noch mehr, und ich betrieb massiven Raubbau an meinem Körper. Ein Ernährungsberater stellte schließlich fest, dass ich mich kurzzeitig von 92 % Kohlenhydraten, aber lediglich 5 % Proteinen und nur 3 % Fett ernährte. Das überraschte mich nicht nur, sondern war gewissermaßen ein „Schuss vor den Bug" meines wackeligen Ruderbootes.

GESÄTTIGTE FETTE (–)	EINFACH UNGESÄTTIGTE FETTE (+)	MEHRFACH UNGESÄTTIGTE FETTE (++)
• *feste Konsistenz* • *erhöhen den Cholesterinspiegel* • *hauptsächlich enthalten in tierischen Fetten wie Fleisch, Wurst, Milchprodukten, Käse, Butter* • *Kokosfett* • *gehärtete Fette z.B., in Fertigprodukten*	• *flüssige Konsistenz* • *positiv für den Cholesterinspiegel* • *hauptsächlich pflanzliche Öle, die reich an Ölsäure sind, wie Olivenöl, Erdnussöl, zum Teil Margarine*	• *flüssige Konsistenz* • *positiv für den Cholesterinspiegel* • *hauptsächlich pflanzliche Öle, die reich an Linolsäure oder Linolensäure sind, wie Maiskeimöl, Sonnenblumenöl, Sojaöl* • *auch in fettem Fisch wie Hering, Makrele, Lachs*

Einkaufs- und Kochtipps

Öle unterscheiden sich nicht nur geschmacklich, sondern auch durch ihr Herstellungsverfahren. Verwenden Sie für Salate und Gemüse, aber auch als „Würz-Zugabe“ keine raffinierten Öle, weil deren wertvolle Inhaltsstoffe durch Erwärmung oder Extraktion und anschließende Reinigung (Raffinierung) weitgehend verloren gegangen sind.

Natives, kalt gepresstes Öl wurde mechanisch gepresst, nicht raffiniert und ausschließlich aus sortenreinen Rohstoffen hergestellt. Bei dieser schonenden Pressung bleiben die natürlichen Inhaltsstoffe (z.B. Vitamin A und E) zum größten Teil erhalten, Geruchs- und Geschmacksstoffe der Pflanze sind intensiv. Ein Höchstmaß an Vitaminen schützt die ungesättigten Fettsäuren auch vor dem Verderben unter dem Einfluss von Sauerstoff.

TIPP: *Mehrfach ungesättigte Fettsäuren reagieren empfindlich auf Hitze, Sauerstoff und Licht. Beim Braten und Frittieren würden sie zerstört. Leichtes Dünsten setzt sie jedoch keinen allzu hohen Temperaturen aus.*

Die Bezeichnung Omega-Fettsäuren kommt aus Amerika. In den USA wird die Position der Doppelbindung bei den mehrfach ungesättigten Fettsäuren mit dem griechischen Buchstaben Omega gekennzeichnet. Eine Omega-3-Fettsäure ist beispielsweise die Alpha-Linolensäure, Linolsäure gehört zu den Omega-6-Fettsäuren.

Vorsicht vor raffinierten Fetten und Ölen (gehärteten Pflanzenölen), aber auch Saucen und Streichfett (z.B. Margarine), das aus „gehärteten Fetten“ besteht.

Achten Sie auf die Zutatenliste auf der Produktpackung. Durch Erhitzen („Härtung“ der zuvor flüssigen Öle) verändern Fettsäuren ihre Molekülstruktur und werden zu Transfettsäuren. Diese können vom Körper nicht mehr verwertet werden. Auch knusprige Pommes an der Bude um die Ecke brutzeln meist in gehärteten Fetten. Wünschenswert ist Frittierfett aus reinem Pflanzenfett, das maximal auf 180 Grad erhitzt wird.

Zusammensetzung an Fettsäuren von Speiseölen und -fetten in Prozent

	Gesättigte Fettsäuren	Einfach ungesättigte Fettsäuren	Zweifach ungesättigte Fettsäuren	Dreifach ungesättigte Fettsäuren
Distelöl	12	13		75
Hanföl	8	12	60	20
Haselnussöl	9	82		13
Kürbiskernöl	9	34	55	2
Leinöl	9	19	14	58
Maiskeimöl	17	24	59	
Olivenöl	16	76	8	
Rapsöl	7	55	31	7
Sesamöl	13	42	45	
Sojaöl	15	27	50	8
Sonnenblumenöl	12	82	65	
Walnusskernöl	16	28	51	5
Kokosfett	96			4

GESÄTTIGTE FETTSÄUREN
EINFACH UNGESÄTTIGTE FETTSÄUREN
ZWEIFACH UNGESÄTTIGTE FETTSÄUREN
DREIFACH UNGESÄTTIGTE FETTSÄUREN

So läuft alles wie geölt – fette „Schätze" im Überblick

Leinöl ist eines der wertvollsten Speiseöle und enthält in außergewöhnlich hoher Konzentration von 58 % die bei Pflanzen selten vorkommende essentielle dreifach ungesättigte Alpha-Linolensäure (Omega-3-Fettsäure). Alpha-Linolensäure steuert zahlreiche Stoffwechselfunktionen. Sie fördert den Sauerstofftransport im Blut, wirkt entzündungshemmend und schmerzstillend. Zusammen mit der in Leinöl ebenfalls enthaltenen Linolsäure (14 %) senkt sie den Cholesterinspiegel. Leinöl kann in Kombination mit anderen Ölen die Fettsäuren-Aufnahme optimieren.
Geschmack: Runder, fein-nussiger Geschmack. Ideal für Salate oder zum Würzen von Gemüse nach dem Dünsten. Unsere Großeltern liebten einige Tropfen Leinöl auf Kartoffeln.

Hanföl enthält 80 % ungesättigte Fettsäuren. Das Verhältnis von Linolsäure (Omega-6-Fettsäure) und Alpha-Linolensäure (Omega-3-Fettsäure) ist hervorragend. Als eines der wenigen Speiseöle besitzt es auch die essentielle, dreifach ungesättigte Gamma-Linolensäure. Sie wirkt positiv auf den Hormonhaushalt und hilft bei Hauterkrankungen. Hanföl ist reich an Vitamin E (Zellschutz) und hat viel Chlorophyll, dessen Element Molybdän z.B. die Immunabwehr des Körpers unterstützt.
Verwendung: Salate, Gemüse, kalte Gerichte. Zum Braten und Dünsten ungeeignet. Der intensive Geschmack kann durch Mischen mit anderen Ölen (z.B. Sonnenblumenöl) gemildert werden.

Walnussöl besitzt mit 51 Prozent sehr viel Linolsäure (Omega-6-Fettsäure), die es in Kombination mit 14 % Linolensäure (Omega-3-Fettsäure) und Ölsäure zu einem sehr wertvollen und gesunden Speiseöl machen. Linolsäure stärkt Herz und Kreislauf, regeneriert die Haut und regt das Immunsystem an. Die Ölsäure greift regulierend ein und kurbelt den Stoffwechsel an. Provitamin A ist für ein geregeltes Wachstum und eine gute Sehkraft verantwortlich.
Verwendung: Wunderbares Nussaroma für Salate, Gemüse, zum Verfeinern von Soßen, Suppen, aber auch für Süßspeisen.

Sojaöl hat ein besonders ausgeglichenes Fettsäurenspektrum mit 60 % mehrfach ungesättigten essentiellen Fettsäuren (8 % dreifach ungesättigte Linolensäure, 50 % zweifach ungesättigte Linolsäure). Mit 1,5–3,5 % besitzt es den höchsten Lecithingehalt aller Öle und wirkt damit positiv auf Gehirn und Nerven. Der Begleitstoff Sojasterin reguliert den Cholesterinspiegel.
Verwendung: Geschmacklich unaufdringliches „Allroundöl".

TIPP FÜR EILIGE UND HUNGRIGE SPORTLER: *Gemüse der Saison in Oliven- oder Sojaöl dünsten, mit wenig Wasser gar werden lassen. Mit Kräutersalz, Sojasauce und Hefeflocken würzen. Sesam- oder Mandelmus einrühren und nach bedarf mit wenig wasser glattrühren. Nach Geschmack Tomatenmark hinzufügen.*

Rapsöl besitzt wie Olivenöl einen hohen Gehalt an einfach ungesättigter Ölsäure (51 %) und eine ausgewogene Mischung von mehrfach ungesättigten Linol- und Linolensäuren. Außerdem liefert es viel Vitamin A, das die Zellen zusammen mit dem Provitamin A (Carotin) vor freien Radikalen schützt.
Verwendung: Mild und leicht süßlich, zum Braten und Dünsten von Gemüse oder als Salatöl geeignet.

Sesamöl besteht zu 45 % aus Linolsäure und zu 42 % aus Ölsäure. Es besitzt auch die natürlichen Antioxidantien Sesamol und Sesamolin, die den Zellschutz fördern.
Verwendung: Exotischer, fein-nussiger Geschmack, ideal für Salate und Gemüse, aber auch zum Braten und Dünsten geeignet.

Olivenöl weist mit 76 % einen besonders hohen Gehalt der einfach ungesättigten Fettsäure auf und enthält auch die zweifach ungesättigte Linolsäure. Vitamin E wirkt in Verbindung mit Ölsäure pflegend auf die Haut.
Verwendung: Braten, Dünsten, Geschmack je nach Herkunft mild bis fruchtig.

„L'olivette à la Franke"

In „Frankes Versuchsküche" ist ein langer Meter Küchenregal für meine persönliche Ölsammlung reserviert. Es handelt sich um wundervolle „Gschmäckle" in Giraffenhals-Flaschen, darunter nicht nur der „Klassiker" aus sonnengereiften Oliven, sondern auch native Pressungen aus allerlei Früchten und Samen. Feinschmecker wissen, dass sie nicht nur mit Kräutern und Gewürzen, sondern auch mit Ölen das aromatische „i-Tüpfelchen" auf ihre Kreationen setzen können: Wenn ich mit frischem Gemüse vom Markt komme, kann ich mir aussuchen, ob ich Lust auf nussiges Kürbisaroma, erdig-samtige Walnuss oder mild-würziges Leinöl habe. Die Entscheidung treffe ich aus dem Bauch heraus, wenn die Nudeln bissfest sind und der Salat auf meinen Zugriff wartet. Jetzt ein paar Tropfen Walnuss über die dunkelgrünen, zarten Brokkoliröschen und eine Spur Kürbis an die in Rapsöl gedünsteten Möhren träufeln – heute möchte ich genau das schmecken und riechen! Es gibt nicht das eine fantastische Rezept, sondern unzählige Kombinationsmöglichkeiten von Aromen aus dem großen Garten der Natur.
Vorsicht! Ölsammeln kann sich zu einer großen Leidenschaft entwickeln! Ferienreisen durchs sonnige Europa sind übrigens ideale Gelegenheiten für Ölsucher, „fette" Beute zu machen.
Außerdem gibt es seit einiger Zeit „l'olivette à la Franke", unser provencalisches „Familienöl": Meine Eltern leben in Südfrankreich und freuen sich jedes Jahr über 70 Liter feinstes Öl von über 100 Jahre alten Olivenbäumen, die auf ihrem Grundstück wachsen.

Zwei schnelle Rezepte für Salatsoßen

Die würzige Salatsoße:
Kräutersalz (mit Algen), Hefeflocken, Walnussöl und Kürbiskernöl mit etwas Apfelessig und Zitrone mischen. Eventuell frische Gartenkräuter hinzufügen.

Vinaigrette à la Anni
(mehr von und über Anni Friesinger auf Seite 73):
2 EL Balsamico-Essig
eine Messerspitze Salz
frisch gemahlener Pfeffer
5 EL Olivenöl
italienische Kräuter, möglichst frisch
Die Zutaten gut verrühren und kurz vor dem Servieren über den Salat geben.

Michael Schumacher, Formel-1-Pilot und lebende Legende

Olivenöl und Pasta: Schumis Fest in Rot

„Pasta gut – alles gut!“, sagt Armin Karrer, der sich in Willi Webers Restaurant auf dem Stuttgarter Fernsehturm einen Stern erkochte. Schumacher war oft bei ihnen zu Gast: „Gerade für einen Formel-1-Rennfahrer ist ausgewogene Ernährung besonders wichtig. Kohlenhydrate und Ballaststoffe dürfen bei den Mahlzeiten auf keinen Fall fehlen. Zu den Lieblingsgerichten vieler Sportler gehören daher traditionell Spaghetti mit Tomatensoße. Die Steigerung und eines von Michael Schumachers Lieblingsgerichten sind heiße Spaghetti mit kalter Tomatenvinaigrette – das Highlight schlechthin.“
Michael Schumacher ist bekannt für seine Akribie. Die wirkt sich nicht nur auf das Verhältnis zu seiner Rennmaschine aus, sondern bezieht sich auch auf Fitness und Ernährung.

SCHUMIS LIEBLINGSSPAGHETTI

(für 5 Personen)

REZEPT

ZUTATEN:

5 vollreife Tomaten (300 g)
eine kleine gepresste Knoblauchzehe
10 kleine Kapern, fein gehackt
ein Teelöffel Oregano
eine Messerspitze gemahlener Chili
ein eingelegtes Sardellenfilet, fein gehackt
100 ml erstklassiges Olivenöl
ein kleiner Bund Basilikum, in feine Streifen geschnitten
ein kleiner Bund Blattpetersilie, in feine Streifen geschnitten
2 Teelöffel Balsamico
Salz und schwarzer Pfeffer aus der Mühle
50 g Parmesanspäne

Für die Chips:

4 Knoblauchzehen
Öl zum Frittieren

ZUBEREITUNG:

Tomaten:

Tomaten waschen, vierteln und Kerngehäuse mit einem Löffel herausnehmen. Tomatenfleisch in 0,5 cm dicke Würfel schneiden. Kerngehäuse durch ein Sieb streichen und zu den Tomaten geben. Mit den restlichen Zutaten vermengen. Mit Salz und schwarzem Pfeffer kräftig abschmecken.

Chips:

4 Knoblauchzehen schälen und in feine Scheiben schneiden. Im Wasser eine Minute kochen. Abschütten. Auf einem Küchentuch abtropfen lassen und im 170 Grad heißen Fett ausbacken.

Spaghetti:

Spaghetti nach Packungsanleitung mit Salz und ein paar Tropfen Olivenöl kochen. Abschütten. Mit der Tomatenvinaigrette vermengen. In einer großen, angewärmten Schüssel servieren und mit den Knoblauchchips und Parmesan bestreuen.

Mild-würzig bis fruchtig: Feinschmecker lieben Pflanzenöl

Duft- und Geschmacksstoffe lösen sich in Fett besser. Pflanzenfett rundet Speisen nicht nur ab und verstärkt den Geschmack der Zutaten, sondern schenkt der gesamten Mischung auch das Aroma der verwendeten Früchte und Samen.

Pflanzenöl lässt sich nicht nur zum Braten, Dünsten und für die Salatsauce verwenden. Einige Tropfen auf fertig gegartes Gemüse, Getreide, Nudeln oder Reis würzen Ihr Gericht zusätzlich. Auch mit Nussmus, z.B. aus Mandeln, Sesam oder Cashewkernen, können Sie Ihre Mahlzeiten schnell und unkompliziert verfeinern und würzen (siehe Mineralstoffe aus Sesam und Mandeln). Rühren Sie fertig gegartem Gemüse, Pasta oder Reis einfach einen Esslöffel Nussmus unter.

Fantasie schafft neue Lieblingsgerichte: Erweitern Sie Ihren Pflanzenöl-Vorrat und experimentieren Sie mit den unterschiedlichen Aromen. So werden Ihre Mahlzeiten – auch wenn Sie aus traditionellen Zutaten bestehen – ganz neu und manchmal auch verführerisch exotisch schmecken.
Lernen Sie den Geschmack Ihnen unbekannter Öle durch Probieren kennen. Tunken Sie etwas Weißbrot in Öl und schmecken Sie seine Besonderheiten. Nutzen Sie Verkostungen im Lebensmittelhandel. In manchen Regionen gibt es sogar Ölmühlen, bei den Sie die vor Ort erzeugten Produkte probieren können. In Italien werden nach Pressung der neuen Olivenernte große Feste gefeiert, bei denen man nach Herzenslust Öl verkosten kann. Die österreichische Steiermark ist ein Paradies für alle Liebhaber von Kürbiskernöl.

Mehr Power mit Nüssen

Nüsse haben einen guten Ruf als Gehirn- und Nervennahrung. Ihr Aroma und ihr hoher Gehalt an Mineralstoffen und Vitaminen qualifiziert sie für die gesunde Küche. Pflanzliches Fett und hochwertiges Eiweiß liefern allen sportlich Aktiven darüber hinaus viel Energie.

Nüsse und Samen sind schmackhafte und perfekt mit jeder Mahlzeit kombinierbare Mineralstoffquellen. Sesam und Mandeln enthalten viel Kalzium und Magnesium. Mit einem Wert von 1100–1500 mg Kalzium/100g ist Sesammus (Tahin) nicht nur bei den pflanzlichen Nahrungsmitteln Spitze, sondern übertrumpft auch den Kalziumgehalt der Milch um das Siebenfache. Sesam ist darüber hinaus außergewöhnlich reich an Eisen und eine ergiebige Vitamin B1-Quelle (siehe Tabelle). Probieren Sie die Nussmuse zunächst einmal pur, denn Tahin schmeckt auch als Brotaufstrich mit etwas Kräutersalz, im Sommer ergänzt durch fruchtige Tomatenscheiben und frische Kräuter.

Sesammus gibt es als gesalzene und ungesalzene Mischung von geschältem und ungeschältem Samen, aber auch „weiß" aus vermahlenem ungeschältem Sesam. Soßen, Dips und Salatdressings erhalten mit Sesam eine nussige und exotische Note. Die japanische Küche ist ohne Gomasio, eine Mischung aus Salz und geröstetem Sesam, undenkbar. Das Gewürz ist auch bei uns erhältlich und sollte in Ihrem Regal nicht fehlen. Verwenden Sie Gomasio für Salate, Gemüse und alles, was eine nussig-harmonische Note bekommen soll.

Und nun zu einem zauberhaft aromatischen Rosengewächs: Haben Sie schon einmal in ein Glas mit süßen, gerösteten Mandeln hineingeschnuppert? Dieses Aroma lässt die Fantasie von Genießern und Hobbyköchen Purzelbäume schlagen: Sofort wird Ihnen einfallen, dass Sie Ihr Gemüse damit verfeinern können, Ihre Pastasoße zu einem Feuerwerk wird, und dann möchten Sie es einfach nur pur genießen: Himmlisch! Mandelmus als Brotaufstrich (z.B. mit einer hauchdünnen Schicht Zuckerrübensirup, der 90 mg Eisen/100 g enthält) hat bei uns

einen festen Platz am Frühstückstisch erobert. Wir verwenden ihn aber auch für Süßspeisen, zur Abrundung von Gemüse oder in Suppen und Getreidesoßen gerührt.

Kochen Sie Nussmus nicht mit, sondern vollenden Sie bereits gegarte Gerichte damit. Kombinieren Sie pflanzliche und tierische Kalziumquellen und probieren Sie Mandelmus auch einmal statt Sahne oder in Kombination damit. Neben ihrem außerordentlich hohen Gehalt an Vitamin E ist die Mandel übrigens auch besonders reich an Magnesium und Kalzium (245 mg/100g). Mandeln machen schön: Vom hohen Anteil an Vitamin B2 profitiert Ihre Haut.

Der Gehalt von Mandel- und Sesammus je 100 g im Durchschnitt

	MANDELMUS	SESAMMUS (TAHIN)
Brennwert:	2558 kJ	2611 kJ
Eiweiß:	23 g	23 g
Kohlenhydrate:	2,3 g	2,2 g
Fett:	57,5 g	59 g
Kalzium:	278 mg (35 %)	816 mg (102 %)
Eisen:	3,6 mg (26 %)	8,8 mg (63 %)
Magnesium:	271 mg (90 %)	326 mg (109 %)
Vitamin B1:		0,75 mg (54 %)
Vitamin B2:	0,42 mg (29 %)	
Vitamin B6:		1,1 mg (55 %)
Vitamin E:	23 mg (230 %)	

(Prozentzahlen = Anteil d. empfohlenen Tagesdosis), Quelle: Rapunzel

Knabbermischung selbst gemixt

Als Müsli-Zutat oder Knabbermischung leisten Nüsse schon lange gute Dienste. Alt und bewährt: „Studentenfutter“ ist der ideale Pausensnack und vielen industriell gefertigten Energieriegeln überlegen.
Tüten Sie am besten Ihre ganz persönliche Lieblingsmischung ein. Wie wäre es mit einer Melange aus getrockneten Aprikosen, Rosinen, Feigen, Kokosnussraspeln, Mandeln, Haselnüssen, Walnuss- und Cashewkernen? Knabbern Sie Nüsse dennoch mit Bedacht, denn sie haben auch einen hohen Fettgehalt.

2. MIT FRANK ROSIN DURCHS FRÜHJAHR

Winter ade! Frühling liegt in der Luft – ein Fest für Augen, Ohren und die Nase! Es grünt so grün und schmeckt so herrlich frühlingsfrisch: Die zarteste Jahreszeit startet durch von null auf hundert und macht gewaltig Appetit auf knackige, vitaminreiche Mahlzeiten. Und viel Bewegung unter blauem Himmel.

SPAGHETTI MIT CHILI-PESTO-MARMELADE
(für 4 Personen)

REZEPT

ZUTATEN:
600 g Spaghetti
4 EL milde Chilisauce
ein Bund Basilikum
2 EL Pinienkerne
0,15 Liter Olivenöl
100-150 g geriebener Parmesankäse
2 Knoblauchzehen

ZUBEREITUNG:
Wasser mit etwas Salz aufsetzen und zum Kochen bringen. Die Basilikumblätter vom Strauß entfernen und mit dem Knoblauch, Olivenöl, Pinienkernen und Parmesan in einem Mixer zu einem dickflüssigen Pesto verarbeiten.
Mit Pfeffer und Salz abschmecken und zum Schluss die Chilisauce hinzufügen.

Die Nudeln im sprudelnden Wasser al dente kochen, durch ein Sieb geben und mit der Chili-Pesto-Marmelade nach eigenem Geschmack vermengen.

GEBRATENER SPARGEL

(für 4 Personen)

ZUTATEN:

800 g grüner geschälter Spargel
eine geschälte Karotte
2 Stangen Frühlingslauch
1 Bund Staudensellerie
eine Schalotte
Salz, Pfeffer und Zucker
Weißer Balsamico (Essig)
Olivenöl

ZUBEREITUNG:

Die Enden des Spargels 2 cm abschneiden und die Stangen in Stücke schneiden. Eine Pfanne mit Olivenöl erhitzen und den Spargel darin 5 Minuten braten. Die Schalotte schälen und in Würfel schneiden. Die Karotte in feine Streifen schneiden. Den Staudensellerie waschen, von den Fäden befreien und ebenfalls in feine Streifen schneiden. Frühlingslauch putzen und in Ringe schneiden. Das Gemüse zum Spargel geben, kurz mitbraten, gut würzen und mit dem Balsamicoessig abschmecken. Das Gericht kann warm oder kalt serviert werden.

Balsamico
Bianco
Olivenöl
NATIV EXTRA

LAUWARMER KARTOFFELSALAT MIT FRÜHLINGSRAUKE *(für 4 Personen)*

ZUTATEN:

750 g neue Kartoffeln
2 Schalotten
150 ml Gemüsefond
2–3 EL Weißweinessig
eine Frühlingszwiebel
100 g süß-sauer eingelegter Kürbis
2 EL Kürbiskernöl
ein Bund Rauke
Salz und Pfeffer aus der Mühle

ZUTATEN:

Kartoffeln unter fließendem Wasser abbürsten und in Salzwasser kochen. Das Wasser der gekochten Kartoffeln abgießen, die Kartoffel ausdampfen lassen, vierteln und in eine Schüssel geben. Schalotten schälen und in feine Würfel schneiden. Gemüsefond aufkochen, die Schalotten kurz mitkochen. Den Fond mit Essig, Salz und Pfeffer gut abschmecken, das Öl dazugeben, im warmen Zustand mixen, über die Kartoffeln gießen und ca. eine Stunde einziehen lassen. Die Frühlinszwiebel putzen, waschen und in feine Ringe schneiden. Den Kürbis auf einem Küchenkrepp abtropfen lassen und in feine Würfel schneiden. Zwiebelringe und Kürbis unter die Kartoffeln heben. Die Rauke putzen waschen und abtropfen lassen. Von den Stielen befreien und unter den Kartoffelsalat mischen.

CRISPY KURKUMA-HÄHNCHEN

(für 4Personen)

REZEPT

ZUTATEN:

4 Hühnerbrüste
eine Möhre
1 Knollensellerie
eine Stange Lauch
4 EL Mungobohnen-Keimlinge
Etwa 150 g Spitzkohl und 150 g Wirsing
50 g Glasnudeln
3 Schalotten
ein EL Sesamöl
200 ml Geflügelbrühe
ein EL Sonnenblumenöl
Je 1 TL gelbe Tandooripaste und Marsala
eine getrocknete Chilischote
eine Frühlingszwiebel
2 EL Ananasstücke
ein EL geröstete Mandeln
ein TL Kurkuma

ZUBEREITUNG:

Möhre, Sellerie und Lauch schälen, putzen, waschen und klein schneiden. Mungobohnen-Keimlinge unter kaltem Wasser abbrausen. Kohl und Wirsing in feine Streifen schneiden. Glasnudeln mit kochendem Wasser übergießen und quellen lassen. Schalotten schälen und in feine Würfel schneiden. In Öl glasig dünsten. Gemüse und Glasnudeln dazugeben und kurz mitdünsten, dann mit der Geflügelbrühe auffüllen. Hähnchenbrust in eine Pfanne braten, sodass sie von beiden Seiten schön knusprig ist, dann in Streifen schneiden. Inzwischen das Gemüse mit Tandoori, Marsala und Chili würzen. Frühlingszwiebel putzen, waschen, in feine Ringe schneiden und über das Gemüse streuen. Zu den Hühnerstreifen Ananas und Mandeln geben, kurz mitbraten und Kurkuma darüber streuen. Mit dem Gemüse servieren.

SPARGEL „PANNA COTTA" MIT SHIITAKEPILZEN *(für 4 Personen)*

ZUTATEN:

500 g grüner Spargel
300 g Shiitake
ein Bund Frühlingslauch, gewaschen und von der Wurzel befreit
10 Amarettini (italienisches Gebäck)
2 EL Sesamsamen
300 ml Sahne
50 ml Olivenöl
300 ml Milch
Salz, Pfeffer und Zucker
9 Blatt in kaltem Wasser eingeweichte Gelatine (alternativ: Agar Agar, S. 244)

ZUBEREITUNG:

Den Spargel schälen, die Hälfte der Spargelspitzen beiseite legen. Den restlichen Spargel in Salz/Zucker-Wasser ca. 6–8 Minuten gar kochen.

Mit der Sahne und Milch im Mixer fein pürieren, mit Salz und Pfeffer abschmecken. 50 ml der Flüssigkeit abnehmen, etwas erhitzen, die eingeweichte und ausgedrückte Gelatine zugeben und auflösen lassen. Mit der Hauptflüssigkeit verrühren, in Förmchen füllen und für ca. 4–5 Stunden im Kühlschrank kaltstellen. Die Pilze in Streifen schneiden und die beiseite gestellten Spargelspitzen längs halbieren. Frühlingslauch in Ringe schneiden und in Olivenöl anschwitzen. Pilze und Spargel zugeben, ca. 4–5 Minuten gar dünsten. Mit Salz und Pfeffer abschmecken, zum Schluss die zerbröselten Amarettini beigeben und mit der Spargel-Panna cotta servieren.

Shiitake (take heißt auf Japanisch Pilz) sind kalorienarm, ballaststoffreich und enthalten hochwertiges Eiweiß, viele Vitamine der B-Gruppe und Ergosterin, eine Vorstufe des Vitamin D. Mit wenigen Pilzen lässt sich der menschliche Tagesbedarf an Vitamin D decken Neben zahlreichen Mineralstoffen und Spurenelementen enthält Shiitake auch zwei besonders gesunde Inhaltstoffe: Naturheilkundler schätzen den Vielfachzucker Lentinan, der unter anderem Karies vorbeugt, die Insulinproduktion fördert und die körpereigenen Abwehrkräfte mobilisiert. Das pilzeigene Eritadenin, eine ungesättigte Fettsäure, wird vor allem wegen seiner positiven Wirkung auf den Cholesterinspiegel geschätzt. Die traditionelle chinesische Medizin setzt den „Wunderpilz" gegen Erkältungen und vorzeitige Alterung ein.

SALAT VON NEUEN KARTOFFELN MIT BÄRLAUCHPESTO *(für 4 Personen)*

REZEPT

ZUTATEN

800 g Kartoffeln
2 Schalotten
ein EL Kapern
3 EL Oliven ohne Kerne
ein Bund Bärlauch
5 cl Olivenöl
3 EL Mandeln
3 EL Parmesan
Zitronensaft

ZUBEREITUNG:

Die gewaschenen Kartoffeln mit der Schale kochen, Schalotten schälen und in feine Würfel schneiden. In einer Pfanne mit Olivenöl etwas anschwitzen und kaltstellen. Wenn die Kartoffeln gar sind, abschütten und pellen. Danach in Würfel schneiden und mit den anderen Zutaten vermengen.

Für das Bärlauchpesto alle anderen Zutaten zusammen im Mixer zu einer dicklichen Sauce vermengen und zu den Kartoffeln geben.

ZITRONENTARTE

REZEPT

ZUTATEN:

Für den Teig:

250 g Mehl
175 g weiche Butter in Würfel geschnitten
90 g Puderzucker
Abrieb von einer Zitrone
Mark von einer Vanilleschote
ein Ei

Für die Füllung:

5 Eier
200 g Zucker
5 Zitronen (Abrieb von zwei Zitronen, Saft von allen fünf Zitronen)
250 g geschlagene Sahne

ZUBEREITUNG:

Für den Teig das Mehl in eine Schüssel sieben. In die Mitte eine Mulde formen, Butter, Puderzucker, Zitronenabrieb Vanillemark und Ei hineingeben und kräftig von außen nach innen kneten, bis alle Zutaten zu einen Teig gemischt sind. Den Teig zu einer Kugel formen, in Frischhaltefolie einpacken und für zwei Stunden kalt stellen. Den Teig in einer gebutterten, 2 cm hohen Backform ausrollen. Achten Sie darauf, dass keine Löcher im Teig sind und der Teig sich etwas über den Rand der Backform zieht.

Mit einer Gabel Löcher in den Teig stechen und ihn bei 200°C im vorgeheizten Backofen bei Umluft für ca. 12 Minuten goldgelb backen. In der Zwischenzeit die Eier mit dem restlichen Zucker, dem Zitronensaft und dem Abrieb kräftig mischen und die Schlagsahne mit einem Schneebesen unterheben. Die Masse auf den gebackenen, heißen Teig gießen (Vorsicht, sie läuft leicht unter den Teig!). Das Ganze bei 120°C im Umluftbackofen für ca. zwei Stunden stocken lassen.

Zum Servieren die Oberfläche der Tarte mit Puderzucker bestreuen und mit einem Gasbrenner oder bei Oberhitze karamellisieren.

ÜPPIG LEBEN IM EIWEISS-PARADIES

3.

Woran denken Sie, wenn Sie Eiweiß hören? An, saftigen Käsekuchen, cremigen Joghurt und ein großes Stück Käse? Positiv sind unsere Assoziationen, denn das Image dieses Nährstoffes ist blütenweiß. Ohne Protein könnten wir nicht um die Wette laufen, im Sahnequark rühren und in Kameras lächeln – zuviel Eiweißpower bremst uns aus.

Kleine Warnung vor invasorischen Proteinmännchen

Durchschnittliche Selbstbedienungs-Kühltheken sind mindestens so lang wie Weitsprunggruben. Ihr Inhalt ist ein eindrucksvoller Beweis für unsere Liebe zum Eiweiß und unsere unerklärliche Angst, davon nicht genug zu bekommen. Es erstaunt mich, dass die kunterbunte Vielfalt in den riesigen Truhen sich zwar gern fettarm präsentiert, aber Verbraucher samt Nachwuchs-Konsumenten nicht vor einer feindlichen Invasion der Proteinmännchen gewarnt werden. Die kichern im Traumschaumdessert und freuen sich über ihr milchweißes Image. Und die Diätsalami trällert unter Plastikfolie selbstbewusst „Ich kann so bleiben wie ich bin – foräwaaa!".

Hipp, hepp, hurra! Fett ist das ewig Böse – Eiweiß immer das Gute. Schlabbern, Schlürfen und Mampfen für prächtige Muckis und starke Knochen. Kein Nahrungsbestandteil wird massiver und einfallsreicher beworben als das Eiweiß: Die süße „Extraportion" Proteine katapultiert Knirpse vom Tretrad aufs Mofa, gesundheitsbewusste Erwachsene decken schon beim Frühstück den empfohlenen Tagesbedarf großzügig ab und puffern Mangelerscheinungen am Arbeitsplatz – man kann ja nie wissen! – mit handlichen Proteinriegeln ab.

Nicht dass Sie mich falsch verstehen – Eiweiß ist und bleibt ein höchst wichtiger Bestandteil unserer Nahrung. Die vielfältigen Funktionen des Nährstoffs waren für den schwedischen Chemiker Berzelizus so bedeutsam, dass er ihm 1840 den griechischen Namen „Protein“ (das Erste, das Wichtigste) gab. Es ist in der Tat der „Stoff“, aus dem unser Körper gewoben ist: Wir benötigen es für die Reparatur und den Neuaufbau unserer Körperzellen, die ebenso aus Proteinen bestehen wie Nerven, Muskeln, Sehnen, Hormone und rote Blutkörperchen. Doch wie viel Eiweiß brauchen wir, um gesund und fit zu bleiben? Die Statistik weiß, dass Mahlzeiten und Snacks von „Otto Normalschmauser“ während eines „Normaltags“ bis zu 100 Gramm mehr Eiweiß enthalten als der ausgewachsene Körper benötigt. Die Empfehlungen der Ernährungswissenschaftler reichen von 1,1 bis 2 Gramm Eiweiß für jedes Kilogramm Körpergewicht. Ich rate dazu, 1,4 Gramm pro Kilo Lebendmasse nicht zu überschreiten, denn schließlich müssen unsere Nieren mit der geballten Ladung Protein erst einmal fertig werden. Die Organe geben pflichtbewusst ihr Bestes, um die Melange aus Kohlenstoff, Wasserstoff, Sauerstoff und Stickstoff zu verarbeiten, stoßen bei größeren Portionen aber schnell an die Grenzen ihrer Leistungsfähigkeit. Die bei der „Eiweißentsorgung“ anfallenden Säuren werden über den Urin ausgeschieden, doch in einer bestimmten Menge (Harn-)Flüssigkeit kann nur ein begrenztes Quantum Harnsäure gelöst werden. Dies bedeutet einerseits, dass Sie täglich viel klares Wasser trinken sollten um die Arbeit der Nieren zu unterstützen, anderseits, dass eine regelmäßig einverleibte Überdosis Eiweiß unserem Stoffwechsel – und damit auch unserer Gesundheit – schadet.

Die Zusammenhänge sind einfach: Je mehr Eiweiß ein Lebensmittel enthält, desto mehr Säure bildet es. Was Niere und Leber nicht abarbeiten können, wird in Korpergewebe mit vergleichsweise geringen Stoffwechselaktivitäten „geparkt“: Bindegewebe, Knorpel, Sehnen und Unterhautfettgewebe sind bevorzugte Zwischenlager für alle noch nicht abgefertigten Stoffe. Sie können sich ausmalen, was passiert, wenn diese „Deponien“ überfüllt sind: Die Versorgung der Zellen mit Sauerstoff und Nährstoffen funktioniert an den betreffenden Lokalitäten immer schlechter und die zunehmende Übersäuerung macht sich bald schmerzhaft bemerkbar. Bandscheibenbeschwerden, aber auch Entzündungen der Gelenke, Muskeln und Sehnen können Auswirkungen chronisch sauren Milieus sein. „Zivilisationskrankheiten“ wie Arteriosklerose, Osteoporose und Gicht entwickeln sich ebenso bestens in saurer Umgebung, die einen geregelten Stoffwechsel unmöglich macht.

Keine Sorge – ich will Ihnen nicht Joghurt und Buttermilch vermiesen. Auch ich liebe Milchprodukte! Kein Käsebüffet ist vor mir sicher und nach einem französischen Abendessen liegt mein Eiweißpegel nicht selten oberhalb des

Jochbeins. Doch ausgesprochene Exzesse bleiben die Ausnahme, denn während meiner Zeit als Leistungssportler habe ich gelernt, einzelne Nahrungsbestandteile im Auge zu behalten: Insbesondere Milchprodukte und Milchspeisen lassen das Herz jedes Feinschmeckers und Leckermauls höher schlagen. Verführerisch leichte Joghurts, lockere Quarkspeisen und cremige Käse sind schnell konsumiert und machen Lust auf mehr. Außerdem sind Milchprodukte beliebte, schnell greifbare Zwischenmahlzeiten und feste Bestandteile der traditionellen deutschen Küche: Man nehme drei Eier, Butter, einen Viertelliter Milch und runde das Ganze mit einem Becher Sauerrahm ab...

Schwupps – schon ist die kritische Marke erreicht. Ein wichtiger Bestandteil gesunder Nahrung liefert Ihnen plötzlich nicht mehr Power für Alltag und Sport, sondern wird zum Bremsklotz. Ziehen Sie am Ende eines ganz normalen Tages doch einmal eine „Eiweißbilanz“: Wie viel Eiweiß haben Sie insgesamt konsumiert? Es sollten nicht wesentlich mehr als 15 % der täglichen Nahrungskalorien sein. Stammt es aus tierischen oder pflanzlichen Quellen oder haben Sie beide gemischt?

Kombinieren Sie doch einfach tierisches und pflanzliches Eiweiß und achten Sie darauf, dass der pflanzliche Anteil größer ist. Getreide, Nüsse, Samen, Hülsenfrüchte und vor allem Sojaprodukte sind ergiebige Eiweißspender. Sie lassen sich nicht nur lecker mit Milchprodukten kombinieren, sondern bewerben sich auch mit einem hohen Kalziumgehalt um einen Stammplatz in Ihrem Kü-

chenschrank. Ihre Knochen werden es Ihnen danken: Sesam (siehe auch: Mehr Power mit Nüssen, Seite 29) übertrumpft die als Kalziumspender vielgepriesene Kuhmilch um ein Vielfaches. Durch eine dreifach höhere Menge an schwefelhaltigen Aminosäuren ist der „Mobilmacher" ein heimlicher Kalziumräuber: Um einer Übersäuerung des Bluts vorzubeugen, setzt der Organismus basisches Kalziumsphosphat zur Neutralisierung ein, das er zuvor den Knochen entzieht. Wollen Sie Ihrem Körper also eine ausreichende Menge Kalzium zuführen, sollten Sie nicht ausschließlich auf Milch setzen. Vielleicht komponieren Sie in Ihrem privaten Küchenlabor schon bald eine Fantasie in, unter oder an Sesam?

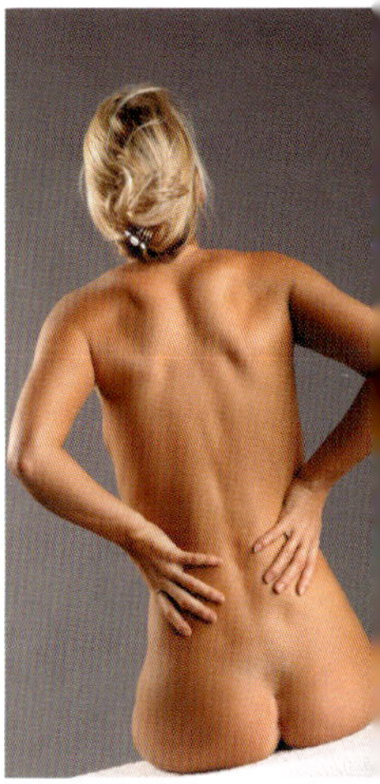

B12 in der Diskussion

Es wird darüber diskutiert, ob eine vegetarisch ausgerichtete Ernährung genügend Vitamin B12 enthält, da das Vitamin hauptsächlich in tierischen Nahrungsquellen zu finden ist. Es wird durch Mikroorganismen im Darm der Tiere gebildet und gelangt durch Resorption in den tierischen Organismus. Auch die Bakterien im Labmagen der Kuh stellen B12 her, das auf diesem Wege in Trinkmilch und daraus hergestellte Milchprodukte gelangt. Es besteht kein Zweifel, dass auch Vegetarier, die gezielt pflanzliche Lebensmittel mit B12-Gehalt konsumieren, keine Mangelerscheinungen fürchten müssen. Fermentierte Lebensmittel (z.B. Sauerkraut, Miso, Joghurt), Sojabohnen, und vor allem Meeresgemüse (Algen) enthalten das Vitamin. Eine Tagesdosis von 1–3 Mikrogramm reicht bereits, um die Versorgung zu sichern. Wissenschaftler fanden außerdem heraus, dass der Organismus über Vitamin B12-Speicher verfügt, deren Inhalt für einen Zeitraum von 5–10 Jahren reicht.

Genügend essentielle Aminosäuren bei vegetarischer Ernährung

Für die acht essentiellen Aminosäuren im Eiweiß gilt: Vegetarier nehmen mit einer reichhaltigen, kombinationsreichen und naturbelassenen Kost alle wichtigen Substanzen zu sich, die vom Körper nicht selbst gebildet werden können. Einige Pflanzen enthalten sogar ausgesprochen große Mengen an essentiellen Bausteinen im Eiweiß. Während Leucin und Isoleucin in allen Lebensmitteln ausreichend vorhanden sind, besitzt Getreideeiweiß – und insbesondere Reis – viel Valin, Hülsenfrüchte glänzen mit einem hohen Lysin- und Threoningehalt. Soja ist die Eiweiß-Königin im Pflanzenreich: Sie liefert alle Aminosäuren in perfekter Harmonie. Fleisch und Kuhmilch enthalten übrigens kein vollwertiges Eiweiß, da sie eine zu geringe Menge der Aminosäure Methionin enthalten.

Aminosäuren – Bausteine für Ihre Fitness

Beim Verdauungsprozess werden die Nahrungsproteine in ihre Grundbausteine, die Aminosäuren, zerlegt. Nur auf diese Weise kann das mit den Speisen aufgenommene Protein vom Körper resorbiert werden und an seine Zielorte gelangen. Dort werden die Aminosäuren wieder zu Proteinen aufgebaut. Zur Neubildung von Körperprotein werden unterschiedliche Aminosäuren benötigt, deren Zusammensetzung und Anzahl sich je nach „Einsatzort“ unterscheidet. Es gibt 20 Aminosäuren, von denn der Körper 12 selbst herstellen kann. Als essentielle Nährstoffe bezeichnet man acht Aminosäuren, die wir unserem Organismus durch eiweißhaltige Nahrung zuführen müssen: Isoleucin, Leucin, Lysin, Methionin, Phenylalanin, Threonin, Valin, Tryptophan). Die biologische Wertigkeit eines Proteins (Gramm gebildetes Körperprotein/ 100 g Nahrungsprotein) wird bestimmt durch
- den Gehalt an essentiellen Aminosäuren in Nahrungsmitteln
- durch das Mengenverhältnis der essentiellen Aminosäuren zueinander und zu den nicht-essentiellen.

Die biologische Wertigkeit eines Nahrungsmittels wird meist durch eine essentielle Aminosäure begrenzt, die sein minimaler Bestandteil ist. Orientierungsprotein für die Einordnung der biologischen Wertigkeit aller anderen Nahrungsmittel ist das Protein aus dem Hühnerei.

Biologische Wertigkeit

Vollei und Kartoffel	137
Vollei und Milch	122
Vollei und Weizen	118
Bohnen und Mais	101
Vollei	100
Kartoffel	90–100
Käse (Edamer)	85
Kuhmilch	84
Soja	84
Reis	83
Roggenmehl	83
Rindfleisch	83
Grünalgen	81
Mais	72–76
Bohnen	73
Weizenmehl	59

Die Mischung macht's – mit Kombi-Menüs Leistungslöcher stopfen

Hochwertige Protein-Kombinationen erreichen Sie durch „Kombi-Menüs". Die Schwächen der einzelnen Komponenten werden durch die Stärken anderer ausgeglichen. Und gemischt schmeckt es sowieso besser – und aromatischer.

Kombi-Gericht

Hülsenfrüchte, kombiniert mit Samen/Nüssen und Gemüse

Dinkelnudeln, Schnellkoch- Dinkel, Reis oder Hirse kochen. Karotten in Sojaöl dünsten (Variation: Sesamöl für die orientalische Note). Eventuell etwas Wasser zum Garen zugeben. Tofu in Würfel schneiden. (Selbst gekeimte) Mungobohnen-Sprossen gut abwaschen. Beides unter die Karotten mischen und rund zwei Minuten mitdünsten. Fertig gegartes Gemüse mit Sojasoße ablöschen, etwas Kräutersalz zugeben und einen Esslöffel Mandel- oder Sesammus unterrühren. Je nach Geschmack Hefeflocken und hinzufügen. Pfannengemüse unter das fertig gekochte Getreide(produkt) mengen. Extra: Zuvor eingeweichtes Meeresgemüse (Pailetten) mit Tofu und Sprossen untermischen. Variante: Gericht schmeckt auch ohne Nussmuse lecker!

Kombi-Snack

Getreide(produkte),kombiniert mit Nüssen, Obst und Soja/Milch

Verschiedene Vollkorn-Getreideflocken (z.B. Hafer, Dinkel) mit Nüssen und frischen Früchten der Saison (evtl. auch in Kombination mit Trockenfrüchten) mischen. Joghurt, Sojamilch oder Milch hinzufügen. Wenn Sie keine Mandeln zur Hand haben, schmeckt auch Mandelmus hervorragend.

Getreide, kombiniert mit Samen und Obst

Süße Variante: Vollkornbrot (-brötchen) mit Mandelmus (und – je nach geschmacklichen Vorlieben - z.B. mit hauchdünner Zuckerrübensirup-Schicht), dazu eine Banane

Herzhafte Variante: Vollkornbrot mit Sesammus und Kräutersalz, Obst oder zugeklapptes Brötchen mit Sesammus, Mungobohnensprossen, Salat und Tomatenscheiben

Eine empfehlenswerte, bereits vorgefertigte Variante ist ein Brotaufstrich aus Sonnenblumenkernen oder Kichererbsen (erhältlich im Naturkostladen), die Sie nach Herzenslust selbst garnieren können.

Eiweißlieferanten im Überblick

Spirulina (Süßwasseralge)	70 %	Eigelb	16 %
Soja	40 %	Eiklar	12 %
Fleisch	15–25 %	Milch	3–4 %
Meeresalgen	20 %		
Gemüse und Kartoffeln	1–4 %		

Zuviel Eiweiß verhindert die optimale Verwertung von Kalzium

Die afrikanischen Bantu ernähren sich mit einer täglichen Gesamtmenge von 25–30 Gramm extrem eiweißarm. Bantufrauen müssten bei einer damit verbundenen dürftigen Kalziumzufuhr von rund 350 Gramm eigentlich schnell unter Osteoporose leiden. Ernährungswissenschaftler staunten nicht schlecht, als sie herausfanden, dass die Krankheit bei diesem sehr langlebigen und gesunden Volk noch nie aufgetreten ist. Zahlreiche Osteoporose-Spezialisten haben aus diesen Studien ihre Schlüsse gezogen: Die Reduzierung des Eiweißverzehrs hält unsere Knochen offenbar stark und gesund. Wo keine Eiweißüberschüsse anfallen, kann Kalzium optimal verwertet werden. Die weltweit höchste Osteoporose-Rate haben Länder, die auch beim Verzehr von Milch und Milchprodukten Spitzenplätze einnehmen.

Mediziner haben nicht nur herausgefunden, dass eine eiweißreduzierte Ernährung Bluthochdruck bekämpfen kann, sondern wissen auch, dass Nierenversagen bei Menschen, die viel Eiweiß konsumieren, häufiger auftritt als bei Personen, deren tägliche Eiweißzufuhr im Rahmen der empfohlenen Mengen liegt.

Würzig und deftig: Heiner Brand schummelt „Durcheinander"

Heiner Brand, Handballtrainer, Handball-Bundestrainer. Unter der Trainerlegende Vlado Stenzel als Spieler Europa- und Weltmeister

Heiner Brand zum Thema „Leistungsfutter": Mein früherer Trainer Vlado Stenzel betonte immer wieder die Gefahren von zu fetter Wurst. Bei einem Besuch in seinem Heimatland Jugoslawien pries er uns jedoch die Vorzüge verschiedener Salamis mit den Worten „Ist optimal für Leistungssportler" an, obwohl für jeden von uns klar erkennbar war, dass Fett der Hauptbestandteil der Wurst war. Gehorsam wie wir waren, haben wir die schmackhafte Salami gegessen.

Trainer des Jahres. Europameister. Handball-Idol: Heiner Brand hat im Jahr 2004 Sportgeschichte geschrieben: 26 Jahre nach dem sensationellen Gewinn der Weltmeisterschaft in Dänemark (1978), zu dem er als Abwehrstratege in der Mannschaft Vlado Stenzels entscheidend beigetragen hatte, gelang dem Gummersbacher als Nationalcoach bei der EM in Slowenien jener Triumph, auf den die Handballfans seitdem sehnsüchtig gewartet hatten: Deutschland gewann den Titel und die Handballnation hatte wieder ein Siegerteam.

Daran ändert auch die Finalniederlage gegen Kroatien bei den Olympischen Spielen in Athen nichts. Denn schon mit dem Viertelfinal-Thriller gegen Ungarn haben die deutschen Handballer 2004 die Herzen aller Sportfans gewonnen. Die Silbermedaille ist ein großartiger Erfolg für die Spieler und ihren Trainer Heiner Brand. „Beckenbauer des Handballs" haben ihn einige genannt, und genauso wie der „Kaiser" hat der Mann mit dem eindrucksvollen Schnauzbart wie kein anderer den deutschen Handball geprägt. Ob in Europacupschlachten für den VfL Gummersbach in der Dortmunder Westfalenhalle oder in zahllosen Handballkrimis der Nationalmannschaft – Brand und sein Team bringen immer vollen Einsatz.

Seiner handballerischen Erfolgsserie ist Heiner Brand mit Co-Autor Frank Schneller in seiner Biografie „Inteam" auf den Grund gegangen. Dort lernt der Leser den ehemaligen Spitzensportler und Erfolgstrainer auch ganz privat kennen.

REZEPT

FALSCHES FRICCO

(für 4 Personen)

ZUTATEN:

500 g mehlige, geschälte Kartoffeln
eine Gemüsezwiebel in feine Ringe geschnitten
500 g Mett oder Gehacktes (halb und halb)
150 ml Sahne
150 ml Sauerrahm
150 ml Gemüsebrühe
Worchester Sauce
Salz, Pfeffer aus der Mühle
Öl zum Braten

ZUBEREITUNG:

Die Kartoffeln in Scheiben schneiden. Das Mett in Öl kurz anbraten, leicht mit Salz und Pfeffer würzen. Kartoffelscheiben mit Worchester Sauce, Salz und Pfeffer ebenfalls würzen. Kartoffeln, Mett und Zwiebeln in einer Auflaufform schichten. Sahne, Sauerrahm und Gemüsebrühe miteinander verrühren und würzen. Das Ganze auf die geschichtete Masse geben und zusammen im vorgeheizten Backofen bei 175°C ca. 40–45 Minuten backen. Anschließend servieren. Dazu passen gut Rote Bete.

Soja – Proteinpower aus Asien

Die Chinesen wussten die unscheinbare Hülsenfrucht schon früh zu schätzen: Bereits vor 5000 Jahren kultivierten sie die „große Bohne" (chines. „sou") aus der botanischen Familie der Schmetterlingsblütler. Im bevölkerungsreichen Asien wird die Sojabohne neben Reis, Weizen, Gerste und Hirse zu den „fünf heiligen Pflanzen" gezählt. Ihre reichhaltigen und ausgewogen konzentrierten Wirkstoffe rechtfertigen diesen exponierten Rang: Soja besteht zu rund 40 Prozent aus Eiweiß von hoher biologischer Wertigkeit und enthält kein Cholesterin. Sein Anteil an Pflanzenfett liegt bei 17–20 Prozent, wobei die Bohne alle acht essentiellen Aminosäuren in einer Zusammensetzung enthält, die der menschliche Organismus unmittelbar nutzen kann. Der geringe Anteil an Kohlenhydraten, zahlreiche Vitamine, Mineralstoffe sowie Ballaststoffe und Lezithin machen Soja gerade für sportlich Aktive zu einem idealen Lebensmittel. Es liefert nicht nur einen energetischen Powerpack, sondern stärkt den Organismus umfassend und bereitet damit das Fundament für athletische Höchstleistungen. Der italienische Wissenschaftler Dr. Cesare Sirtori fand bereits Anfang der 70er Jahre heraus, dass Sojaeiweiß Cholesterin und Blutfettwerte senkt. Herzkranzgefäßerkrankungen konnte er mit Sojakost nicht nur eindämmen, sondern teilweise sogar rückgängig machen.

SOJA, TOFU UND CO. *Die Palette der Sojaprodukte ist groß. Sojabohnen (gelbe Sojabohne, schwarze Sojabohne, grüne Mungobohne, Azukibohne) werden zu nicht fermentierten oder fermentierten Produkten verarbeitet. Tofu schmeckt fade? Gehen Sie auf Entdeckungsreise entlang der Kühltheke Ihres Naturkostladens und finden Sie Ihren geschmacklichen Favoriten.*

Die „Wunderbohne" enthält nur wenig schwefelhaltige Aminosäuren und begünstigt mit einem hohen Gehalt an Magnesium, Kalzium und Kalium die Einlagerung von Kalzium im Knochen. Studien, in den tierisches Eiweiß mit Sojaeiweiß verglichen wurde, belegen nicht nur eine Resorptionsrate von 30–40 Prozent, sondern ergaben auch, dass Soja die Kalziumverluste um gan-

ze 40 Prozent reduziert. Damit beugt Soja auch effektiv negativen Folgen der Menopause wie Osteoporose und Hitzewallungen vor. Für ambitionierte Sportler bedeutet das: Eine sojahaltige Kost ist zur Stabilisierung des Kalziumhaushalts besonders empfehlenswert. Da Soja auch eine der magnesiumreichsten Pflanzen ist, wird der Transport des Kalziums im Körper reguliert und ein optimal verlaufender Stoffwechsel der Knochen gewährleistet. Nicht zuletzt kann Soja unsere sportliche Leistung mit dem B-Vitamin Cholin verbessern, das die Konzentration fördert und die Nerven stärkt.

Tipps rund um die Bohne

- Züchten Sie Sojasprossen in einem Keimglas selbst (ein einfaches und praktisches Exemplar gibt es z.B. bei Alnatura). Kaufen Sie im Bioladen oder Reformhaus keimfähige Sojabohnen. Besonderes schnell entwickeln sich die grünen Mungobohnen. Die frisch geernteten Sprossen schmecken prima im Salat, machen sich gut als „Finisher“ von gedünstetem Gemüse oder als knackige Sandwichkomponente. 100 g Sprossen enthalten 13 mg Vitamin C!
- Die „Schnellentwickler“ Mungobohnen können Sie auf Vorrat züchten. Sprossen halten sich in Plastikgefäßen rund zwei Tage im Kühlschrank. Mischen Sie einfach eine Handvoll unter bereits gegarte Speisen oder dünsten Sie die Sprossen kurz mit.
- Geröstete Sojakerne (Reformhaus) sind leckere Snacks oder eine knusprige Beigabe in Ihrem Frühstücks-Müsli.
- Tofu und Tofuterrinen mit Kräutern, Basilikum, geräuchert oder auf indische Art sind ein energiereicher und pikanter Mittagssnack für den Arbeitsplatz. Eine große Auswahl gibt es im Naturkostladen oder Reformhaus.
- Besorgen Sie sich eine gute Sojasoße aus Bio-Anbau (eine lange, ungestörte Reifezeit garantiert den harmonischen Geschmack und wertvolle Inhaltsstoffe), mit der Sie Soßen, Gemüse und Salate würzen. Unbedingt probieren: Man San Tamari von Arche.
- Verfeinern Sie Müsli mit Sojamilch oder Sojalezithin. Letzteres können Sie auch in Joghurt oder Fruchtsäfte einrühren.
- Trinken Sie statt Kuhmilch auch einmal Sojamilch. Für alle, die es besonders „süß“ mögen, gibt es auch die Geschmacksrichtungen Schoko und Vanille.

Nährstoffe in Soja und Tofu:

Eiweiß: . . . . .36–46 % / 6–11 %
Kohlenhydrate: . . .11–25 % / 0,1 % (verwertbare)
Fett: . . . . .18–20 % / 4 %
Ballaststoffe: . . . . .20–22 % / rund 10 %

...außerdem in 100 g Soja bzw. Tofu enthalten:
Natrium: . . . . .4 mg / 7 mg
Kalium: . . . . .1740 mg / 121 mg
Kalzium: . . . . .201 mg / 105 mg
Phosphor: . . . . . . .550 mg / 98 mg
Eisen: . . . . .6,6 mg / 5,4 mg
Magnesium: . . . . .220 mg / 103 mg
Vitamin A: . . . . . .63 mg / 4 Mikrogramm
Vitamin B1: . . . . .1 mg / -
Vitamin B2: . . . . .0,5 mg / -
Vitamin B3: . . . . .2,5 mg / 0,2 mg
Vitamin B6: . . . . .1 mg / -
Vitamin E: . . . . . .1,5 mg / 0,5 mg

Die Sojabohne (lat.: Glycine maxima) gehört zur Familie der und zählt wie Bohnen, Erbsen und Linsen zu den Hülsenfrüchten.. Die Chinesen kultivierten sie bereits vor 5000 Jahren.

Ricco Groß,
Biathlet

Spargel und Gambas: Ricco Groß liebt *meer* Geschmack

Er schien bei den Olympischen Spielen 2002 vierte Plätze in den Einzelrennen abonniert zu haben – umso schöner war der Gewinn der Bronzemedaille im Verfolgungsrennen über 12,5 km und die vierte, ununterbrochen eingeheimste Goldmedaille mit der Staffel. Bei der WM 2003 im sibirischen Chanty Mansijsk war Ricco Groß mit zweimal Gold sowie Silber und Bronze der große Triumphator, bei der legendären WM 2004 in Oberhof machte er sein Meisterstück. Der finale Zweikampf im letzten Stehendschießen zwischen Groß und dem Franzosen Raphael Poirée bewies eindrucksvoll, dass der gebürtige Thüringer Nerven wie Drahtseile hat. Eiskalt und fehlerfrei schoss er trotz böigen Windes, 25.000 Zuschauer tobten und feierten Ricco als alten und neuen Verfolgungsweltmeister über 12,5 km .

Zu Hause in Ruhpolding steht die Familie im Mittelpunkt, und auf die Frage, was er denn besonders gut kochen könne, antwortete er einmal „Ich habe Küchenverbot…" Rund um den Herd schwingt seine Frau Katrin das Zepter und hat eines der Lieblingsgerichte von Ricco verraten: Spargelrisotto mit viel Meergeschmack. Das passt zum passionierten Hobby-Golfspieler, der am liebsten einen Zweitwohnsitz in der Toskana hätte – unbedingt in der Nähe eines Golfplatzes.

RISOTTO VON GRÜNEM UND WEISSEM SPARGEL MIT GAMBAS *(für 4 Personen)*

REZEPT

ZUTATEN:

200 g Risottoreis
eine kleine gehackte Zwiebel
3 EL Butter
400 g grüner Spargel
400 g weißer Spargel
50 ml Olivenöl
16 Riesengarnelen
50 g frisch geriebener Parmesan
Salz, Pfeffer
ein Glas Weißwein

ZUBEREITUNG:

Den weißen und grünen Spargel schälen. Aus den Schalen 0,7 l Spargelsud zubereiten. Die Köpfe vom Spargel trennen. Die Spitzen beiseite legen. Restlichen Spargel in 1 cm lange Stücke schneiden und mit der Zwiebel in der Butter weich dünsten. Herausnehmen und fein pürieren. Im selben Topf den Risottoreis kurz glasig dünsten, mit dem Weißwein ablöschen, verdunsten lassen und mit dem heißen Spargelsud auffüllen. Bei kleiner Hitze unter ständigem Rühren ca. 20–25 Minuten langsam garen. Zum Schluss mit Parmesan, Salz und Pfeffer abschmecken. Die Riesengarnelen von Panzer und Darm befreien und mit Salz und Pfeffer würzen. In einer heißen Pfanne mit den Spargelspitzen rund 3–4 Minuten braten. Das Ganze mit dem Risotto servieren.

4. KOHLENHYDRATE UNTER DER LUPE

Ein Kornfeld unter blauem Himmel: Hier wachsen komplexe Kohlenhydrate heran, die ihre Kraft in Müsli, Brot und Nudeln entfalten. Als vollwertiges Energieteam sind sie unschlagbar und bringen „Denkmaschine“ und Körper in Bestform. Brainpower, sportliche Rekorde oder ein wundervolles Menü – Kohlenhydrate spielen die entscheidende Rolle. Süß oder salzig, komplex oder „express“: unterschiedlicher kann sich ein Nährstoff nicht präsentieren.

Von Sattmachern und Blendern

Der Heimweg ist weit und voller Verlockungen, denn ich bin hungrig wie ein Bär. „Nimm mich!", ruft ein gut gebauter Schokoriegel, winkt, wackelt mit den Hüften und wirft sich mir vor die Zähne. In meiner Sporttasche entdecke ich ein saftig-vanilliges Plunderteilchen, das sich dort hineingeschmuggelt hat, mir mit Kirschaugen zuzwinkert und sofort verzehrt werden will. Irgendwie habe ich mich dann doch bis nach Hause gerettet, denn dort warten Freunde: Mein kernig-knuspriges Dinkelbrot, die selbst gedrehten Nudeln von Cesare Carbonara, herrlich knackiger Salat und aromatisches Gemüse vom Potsdamer Wochenmarkt. Jetzt alles mit Liebe zusammenwerkeln und reinlegen! Ein kulinarisches Gedicht, das so was von satt und glücklich macht, dass sich tapfer sein lohnt.

Sie wissen, was ich meine? Sie erinnern sich, wie Sie sich nach einem wirklich guten Essen fühlen? Weder gestopft noch genudelt noch irgendwie „gluschtig", wie der Schweizer sagen würde. Eine wertvolle – im Sinne des Wortes „vollwertige" – Mahlzeit aus den allerbesten Zutaten lässt keine Wünsche offen, löscht barocke Küchenphantasien und hinterlässt mich friedlich und zufrieden. Und nach dem obligatorischen Verdauungspäuschen ist da Kraft für neue Herkulestaten und viel gute Laune: Das schaffen keine Blender. Erst recht nicht bei mir. Während meiner Zeit als Leistungssportler mussten meine Mahlzeiten in-

fernalischen Läuferhunger stillen und alles enthalten, was meinen Körper Kraft für neue Ausflüge zu Fuß geben konnte. Ein Glück, dass ich leidenschaftlich gerne in der Küche herumwerkle und mich von geschmacklichen Rückschlägen nicht beirren lasse!

Aber nicht nur der Hobbykoch hat sich ins Zeug zu legen – von Alge bis Zitrone geben alle Zutaten ihr Bestes. Als „Energieteam" tragen besonders die Kohlenhydrate große Verantwortung. Quizfrage: Was haben Brot, Kartoffeln, Birnen und Gletscherbonbons gemeinsam? Sie gehören zur großen und sehr vielgestaltigen Familie der Kohlenhydrate. Die Struktur der einzelnen Familienmitglieder entscheidet nicht nur, ob etwas mehr oder weniger süß schmekkt, sondern auch, ob es als „Hochleistungsfutter" taugt oder nur den „hohlen Zahn" füllt.

Ein kurzer Blick auf das Innenleben der Kohlenhydrate: Traubenzucker (Glukose) und Fruchtzucker (Fruktose) bestehen aus nur einem Baustein und werden als Einfachzucker klassifiziert, zu den Zweifachzuckern gehören Saccharose (Haushaltszucker) und Rohrzucker. Reihen sich viele Moleküle aneinander, sprechen Ernährungswissenschaftler von langkettigen oder komplexen Kohlenhydraten. Die sollten mit einem Anteil von bis zu 65 % bei Ihren täglichen Mahlzeiten die Hauptrolle spielen, denn sie liefern dem Körper Energie und viele wichtige Nährstoffe. Komplexe Kohlenhydrate kaufe ich zum Beispiel auf dem Wochenmarkt, wo sie schön frisch sind und besonders appetitlich aussehen: Kartoffeln und Gemüse sind Produkte pflanzlicher Photosynthese und enthalten deshalb auch viele Vitamine und Mineralstoffe. Sie harmonieren perfekt

Übersicht: Einfach- bis Vielfachzuckern

MONOSACCHARIDE *(Einfachzucker)* *1 Zuckerbaustein*	GLUCOSE *(Traubenzucker)* FRUCTOSE *(Fruchtzucker)* GALAKTOSE	*Honig* *Obst* *Milch*
DISACCHARIDE *(Zweifachzucker)*	SACCHAROSE *(Rohrzucker)* MALTOSE *(Malzzucker)* LACTOSE *(Milchzucker)*	*Haushaltszucker* *Malzbier* *Milch*
OLIGOSACCHARIDE *(Mehrfachzucker)* *bis 10*	MALTOTRIOSE DEXTRINE *(bestehen aus Glucoseketten)*	*Toast, Zwieback, Knäckebrot* *Sportnahrungskonzentrate*
POLYSACCHARIDE *(Vielfachzucker, komplexe KH) mehr als 10 bis mehrere 100.000*	PFLANZLICH: STÄRKE TIERISCH: GLYKOGEN *(bestehen aus Glucoseketten)*	*Getreide, Brot, Nudeln, Reis, Kartoffeln*

mit ihren langkettigen Kollegen aus Vollkorngetreide und bewahren uns davor, von einem Hungerloch ins andere zu stolpern – vollwertiges Brot, Nudeln, Reis, Dinkel oder Hirse lassen sich Zeit, ihren Einsatzort zu erreichen. Sie „fließen" langsam ins Blut und werden beim Verdauungsprozess von Enzymen zu Einfachzucker zerlegt. Positiver Effekt: Die Energie wird dem Organismus peu á peu zugeführt. Komplexe Kohlenhydrate mit vielen Ballastoffen bewirken, dass das beruhigende Gefühl der Sättigung länger anhält. Das freut Nimmersatte wie mich.

Hochmolekulare Kohlenhydrate leisten also nicht nur mehr, sondern sind – als dauerhafter Bestandteil Ihrer Fitnessverpflegung – auch Garanten für ein stabiles Gewicht und eine schlanke Linie. Auf ballaststoffangereicherte Lebensmittel und dröge Kleieportionen – etwa zum Marmeladen-Baguette?! – können Sie getrost verzichten, denn Mutter Natur liefert Ballaststoffe im Gesamtpaket ganz umsonst und überaus schmackhaft.

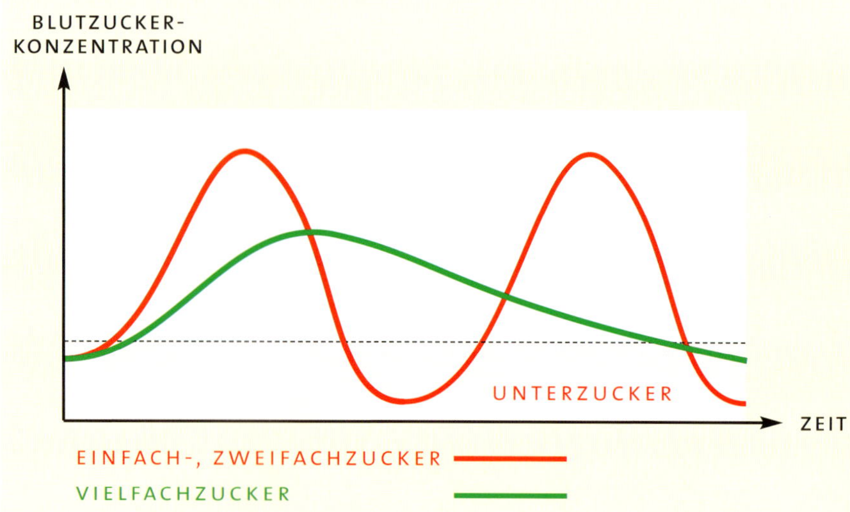

Achtung: Der Verzehr von Süßigkeiten führt zu einem schnellen Anstieg des Blutzuckerspiegels wie zu einem ebenso schnellen Abfall bis in den Bereich des Unterzuckers: Heißhunger stellt sich ein.

Der regelmäßige Verzehr von niedermolekularen Zuckern (z.B. Süßigkeiten, Limonade, Back-Fertigprodukte) ist der schnellste Weg zum Übergewicht. Nahrungsmittel aus Einfach- und Zweifachzucker geraten meist als Snack und eilig ergriffene Rettungsvariante in unsere Backentaschen. Die „Pausenschnitte" aus der Tiefkühltruhe, der Burger vom Schnellimbiss, das flott verzehrte Stückchen Kuchen stopfen das „Loch" im Bauch zwar blitzschnell, verflüchtigen sich dann aber energetisch ins Nirwana. Auch wenn der Griff nach dem sportiven Schokoriegel noch so verführerisch ist – denken Sie daran, dass das Hormon Insulin den Zuckersegen in etwa 20–30 Minuten in den körpereigenen Speicherkammern als Fett verstaut hat.

Hände weg von energetischen Seifenblasen! Ihr Blutzuckerspiegel sackt nach einem raschen Anstieg dramatisch ab und beschert Ihnen den Tiefpunkt des Tages. Die Wahl der Pausensnacks und die Zusammenstellung der Hauptmahlzeiten beeinflussen Ihre körperliche und geistige Leistungsfähigkeit entscheidend: Der nach einer Zuckerschwemme zwangsläufig eintretende Blutzuckerschwund bewirkt nicht nur ein erneutes Hungergefühl, sondern auch Schlappheit und Müdigkeit. Das ist nicht nur für Ihre sportlichen Pläne schädlich, sondern bremst Sie auch im Berufsleben unnötig aus.

Blicken Sie bei Ihrem nächsten Einkauf doch einmal auf das Band an der Kasse. Wie viel Geld wird für „leere" Kalorien ausgegeben, die noch dazu mit künstlichen und naturidentischen Stoffen geschmacksgenormt sind! Die in den letzten 20 Jahren gesunkenen Verbrauchszahlen von Getreide und Kartoffeln sind Indikator für die veränderten Ernährungsgewohnheiten. Anstelle von kohlenhydratreicher pflanzlicher Kost wird viel fettreiche tierische Nahrung konsumiert. Fast Food bedroht unsere Esskultur und wir sollten gegensteuern:

Beim Fastfood steht dem Überangebot an Fett und Kohlenhydraten ein erschreckender Mangel an Ballaststoffen, Vitaminen und Spurenelementen gegenüber.

Machen Sie es sich zur Gewohnheit Gemüse, Kartoffeln und Salat ein- oder zweimal wöchentlich auf Ihrem Wochenmarkt zu kaufen. Das kostet meist nicht mehr Zeit als die Regale im Supermarkt entlangzurollen, macht aber entschieden mehr Spaß und sorgt sogar für mentale Entspannung. Außerdem eignen Sie sich durch die regelmäßigen Entdeckungsreisen in die Welt des Geschmacks auch wertvolle Kenntnisse für Ihre Hobbyküche an. Die Frage „Was esse ich heute?" und „Was koche ich für Freunde am Wochenende?" stellt sich für regelmäßige Marktgänger nie. „Es kommt mir so vor, als hätte ich eine ganze Weile auf einem anderen Planeten gelebt", erzählte mir ein Freund, der erst kürzlich „auf den Markt" gekommen war. Er gehe jetzt mit wachen Augen durch die Jahreszeiten und habe „völlig exotische einheimische Gewächse" kennen gelernt, die „sensationell gut schmeckten". Kein Wunder – hatte er doch ein halbes Leben lang „blind" eingekauft.

Auch das römische Weltreich verdankte seine Existenz der Kraft aus dem Korn: Jede Kohorte römischer Legionäre führte eine zerlegbare Getreidemühle und Weizen mit. Fleisch wurde erst gegessen, wenn der Getreidevorrat restlos aufgebraucht war.

Das kenianische Erfolgsmenü

Die Erfolge der kenianischen Athleten werfen auch die Frage nach ihren Ernährungsgewohnheiten auf. Bei meinen Trainingsaufenthalten im kenianischen Hochland habe ich das Essen mit meinen afrikanischen Laufkollegen geteilt. Schwerpunkt unseres Speiseplans war Ugali. Das ist ein Maisbrei, zu dem wir Kartoffeln, manchmal Chapatis (Weizenfladen), Spinat, Bohnen und ab und zu Hühnchen oder Rindfleisch aßen. Als Nachtisch gab es frisches Obst mit Mala, einem lactosefreien Getränk mit natürlichem Fettgehalt, das wie Sauermilch schmeckt und sehr gesund ist.

Mit dem Maisbrei und Kartoffeln nehmen die Athleten eine ausreichende Menge an Kohlenhydraten zu sich, die perfekt zu den proteinreichen Bohnen (hochwertiges Eiweiß) passen. Gemüse und Obst sind reich an Basen und liefern zahlreiche Vitamine.

Ugali-Grundrezept

Ugali wird in Kenia aus weißem Maismehl hergestellt, das bei uns kaum zu finden ist. Gelber Maisgrieß wird häufig auch unter der Bezeichnung Polenta angeboten. Bringen Sie rund einen Liter Wasser zum Kochen, lassen Sie 250 g Mais einrieseln und verkochen Sie die Masse unter ständigem Rühren zu einem zähen Klumpen.

Um den Verzehr des äußerst trockenen und salzlosen Maisbreis zu erleichtern, sollten Sie unbedingt auch eine schmackhafte Soße zubereiten. Die Afrikaner kochen beispielsweise Hühnchen und verwenden den Sud als Grundlage für eine „Tunke", in die Ugali-Bällchen und Fleischstücke getaucht werden. Als gesunde Alternative bietet sich Gemüse an.

Anni Friesinger, Eisschnellläuferin

Glücklich mit süßen Früchtchen: Anni rührt Erdbeermuas

Anni Friesinger hat Eisschnelllaufen in Deutschland populär gemacht. Die 28–Jährige aus dem bayrischen Inzell spricht über den schnellen Sport auf der spiegelglatten Eisfläche als „der Liebe meines Lebens". Auch nach zahlreichen Rückschlägen und Verletzungen ist die quirlige Athletin mit viel Willenskraft und konsequentem Training stets an die Weltspitze zurückgelaufen. Die Krönung ihrer Laufbahn war der Olympiasieg über 1500 m in Salt Lake City 2002.

Anni zum Thema „Bärenhunger":
Bei Familie Friesinger ist Futterneid nicht unbekannt. Auch Annis Bruder Jan und ihre Schwester Agnes lieben Handfestes und möglichst königliche Portionen. Daheim, bei der Mutter in Inzell, werden Annis Besuche denn auch von kritischen Augenpaaren begleitet. Besonders weil sie gern hungrig nach dem Training vorbeischaut. „Ich brauche nur in die Nähe der Küche zu kommen, da quiekt Jan schon: ‚Du nicht! Das ist nichts für dich!' Agnes fürchtet ebenfalls um ihre Essensration, hat Angst, dass ich ihr etwas wegschnappe und meckert. Wenn ich dann noch in die Töpfe gucke, ist es vorbei mit dem Familienfrieden und wir rangeln uns richtig. Meistens darf ich trotzdem bleiben und bekomme eine kleine Portion ab. Manchmal werde ich hungrig nach Hause geschickt." Das versucht Anni unter allen Umständen zu verhindern, wenn es bei Muttern Erdbeermuas gibt.
Mehr Lesefutter über und von Anni gibt es in ihrem Buch „Mein Leben, mein Sport, meine besten Fitnesstipps", das bei Goldmann erschienen ist.

ERDBEERMUAS
(für 3 Personen)

ZUTATEN:
Für den Teig:
500 ml Vollmilch (3,5 % Fett)
250 g Mehl
2 Eier
1 EL Zucker oder Honig
eine Prise Salz
reichlich Butter für die Pfanne

Als Beilage:
200 g Walderdbeeren oder Obst der Saison
Süßen mit Zucker/Honig oder Ahornsirup nach Geschmack

ZUBEREITUNG:
Alle Zutaten für den Teig in eine Schüssel geben und mit dem Schneebesen vermischen, bis keine Mehlklümpchen mehr vorhanden sind und ein zähflüssiger Teig entstanden ist.

Reichlich Butter in eine hohe Pfanne geben (am besten aus Gusseisen, alternativ mit Teflonbeschichtung) und bei mittlerer Hitze erwärmen, bis die Butter geschmolzen ist. Den Teig vollständig in die Pfanne geben, stocken und schmoren lassen. Erst wenn das Muas nach einigen Minuten zu blubbern beginnt, vorsichtig mit dem Holzspatel wenden. Den Teig noch einmal schmoren lassen, bei Bedarf noch Butter zugeben. Diesen Vorgang bei geringerer Hitze einige Minuten wiederholen und den Teig in viele verschieden große, goldgelbe Stücke zerreißen.

Nach traditionellem bayrischem Rezept gehören frische, gesüßte Walderdebeeren zum Muas. Wer keine Erdbeeren auftreiben kann, nimmt Früchte der Saison.

Sauer macht nicht lustig – von „Nebenwirkungen“ unserer Nahrung

Eine Balance zwischen Säuren und Basen ist für den optimalen Ablauf des Stoffwechsels gerade im Sport von großer Bedeutung. Die Naturheilkundler lehren „Ernährung ist Nahrung mal Verdauung“ und verweisen auf ein störanfälliges Gleichgewicht: Schlappheit und Müdigkeit sind oft Symptome einer zu säurelastigen Ernährung, die den Stoffwechsel, und damit auch die Regenerationsfähigkeit des Sportlers, beeinträchtigt. Fallen im Übermaß Säuren an, die der Körper nicht mehr über Nieren und Lunge, die Haut oder den Darm beseitigen kann, werden sie in stoffwechselarmem Gewebe (z.B. Bindegewebe, Knorpel, Sehnen) abgelagert, das dann anfällig für Überlastungsschäden und Verletzungen wird.

MEIN TIPP: *In meinen harten Trainingsphasen habe ich einmal pro Woche ein heißes Bad mit Kaiser Natron genommen.*

Je nach Intensität der sportlichen Belastung entsteht auch in unterschiedlich hohen Mengen Milchsäure, die der Körper ohne ausreichende Gegenmaßnahmen (z.B. die rasche Zufuhr von Basen durch die Nahrung) den Mineralstoffdepots im Skelett, den Knorpeln und Sehnen entzieht. Ein entsäuerndes Bad (z.B. drei Esslöffel Kaiser Natron, Natriumbicarbonat oder „Meine Base“ von Orgon) wirkt sich im Zusammenspiel mit Ruhe und der Aufnahme einer großen Menge klarem Wasser äußerst positiv auf die Muskulatur aus. Ohne die bekannten „dicken Beine“ können Sie mit entsäuerter Muskulatur am nächsten Tag wieder trainieren.

Extreme Ungleichgewichte zwischen Basen- und Säureaufnahme durch die Nahrung können Sie durch eine bewusstere Auswahl der Speisen, aber auch durch eine gezielte Entsäuerung nach dem Training vermeiden. Basenpulver – ich empfehle das klassische Granulat von Basica – ist bei intensiver sportlicher Aktivität als Nahrungsergänzung empfehlenswert und macht zusätzliche Mineraltabletten überflüssig.

Testen Sie Ihren Säure-Basen-Haushalt

Der pH-Wert im Blut liegt zwischen 7,37 und 7,43 und damit auch leicht im basischen Bereich.
Der ideale Anteil von Basen auf Ihrem täglichen Speiseplan sollte rund 80 % betragen, die Säuremenge mit 20 % gering ausfallen. Mit Indikatorpapier aus der Apotheke können Sie ein Tagesprofil des pH-Werts im Urin ermitteln und Ihre Ernährungsgewohnheiten nach einem negativen Test gegebenenfalls überdenken.

Kleine Übersicht – säure- und basenhaltige Lebensmittel

Basenreich:
Alle Gemüsesorten (bis auf Rosenkohl, Chicorée und Artischocke), Pilze, Kartoffeln, weiße Bohnen; alle Obstsorten, Soja und seine Verarbeitungsformen, Milch (auch von Ziege und Schaf), Buttermilch, Molke, Kräutertees bis auf Früchtetee (Malve und Hagebutte sind stark säurehaltig)

Etwa neutral:
Mandeln, Haselnüsse, Knäckebrot, Zwieback, Nudeln, Butter, Sahne

Säurereich:
Alle Fleisch- und Wurstsorten, Fisch, Meeresfrüchte, Hartkäse, Getreide, Reis, Erd-, Para- und Walnüsse, Margarine, Rosenkohl, Artischocken, Dosengemüse, konserviertes Obst (auch Marmelade), Schokolade und Süßwaren aller Art, Kaffee, schwarzer Tee, Alkoholika.

Hüftgold ade

- In Form von Glykogen sind Kohlenhydrate in einer sehr geringen Menge von 350–450 g in unserer Muskulatur und der Leber gespeichert, müssen also regelmäßig „nachgefüllt“ werden.
  Der Anteil der Kohlenhydrate sollte bis zu 65 % des Gesamtenergiebedarfs betragen.

- Lebensmittel, die überwiegend aus Einfachzuckern bestehen, liefern „leere“ Kalorien und bescheren Ihnen nicht nur „Hüftgold“, sondern belasten auch Ihren Geldbeutel.

- Du darfst – komplexe Kohlenhydrate: Empfehlenswert ist eine Kombination aus 1/3 niedermolekularen (Einfachzucker) und 2/3 hochmolekularen Kohlenhydraten (komplexe Kohlenhydrate). Essen Sie viel Vollkornprodukte, Gemüse, Salat und Obst.

- Komplexe Kohlenhydrate werden von den Verdauungsorganen langsamer abgebaut und entlasten damit den Stoffwechsel. So bleibt mehr Energie zum Powern in Beruf und Freizeit.

Ist schlank werden Glyxsache?

Während meiner Zeit als Langstreckenläufer habe ich vor Training und Wettkampf möglichst solche Nahrungsmittel konsumiert, die lange Energie spenden. Das sind insbesondere Speisen mit einem niedrigen glykämischen Index, die für einen gemäßigten Anstieg des Blutzuckerspiegels sorgen. Nahrung mit einem hohen glykämischen Index, wie z.B. Weißbrot, aber auch glukosehaltige Sportgetränke, führen zu einem hohen Insulinausstoß und zum raschen und folgenschweren Absinken des Blutzuckers. Glyx ist das Kürzel für glykämischer Index.

Der Glyx kann von übergewichtigen Menschen durchaus als Orientierung für die Zusammenstellung der Mahlzeiten dienen, denn ein hoher Insulinspiegel erschwert auch den Abbau von Körperfett. Eine Ernährungsweise, die Lebensmittel mit einem hohen Glyx bevorzugt, „füttert" die Fettzellen und verhindert, dass die Fettsäuren in den Muskelzellen verbrannt werden. Hohe „Glyxe" bannen Abnehmwillige zudem in einen tückischen Kreislauf: Wer nach Einnahme einer Mahlzeit schon bald wieder hungrig wird, greift oft zur nächsten mit hohem Glyx. Doch sollte eine Glyx-Diät nicht falsch verstanden werden: Unter den niedrigen Glyxen verbergen sich auch Lebensmittel mit hohem Kalorien- und Fettgehalt. Wer also hoch erfreut Erdnüsse mit Glyx 20 in der Tabelle entdeckt, muss auch den Gesamt-Kaloriengehalt im Auge behalten. Mit viel Gemüse, Obst, Soja und Vollkornprodukten – aber auch ausreichender Bewegung – sind Sie bestens gegen eine unerwünschte Gewichtszunahme gewappnet.

Messgröße für den Glyx ist die Blutzucker erhöhende Wirkung von Traubenzucker, der mit 100 Prozent bewertet wird. Traubenzucker hat also einen Glyx von 100.

Niedriger Glykämischer Index (GI) bis 40%:
Pilze, Zucchini, Tomaten, Fruchtzucker (Fruktose), Sojabohnen, Erdnüsse, Grapefruit, Bitterschokolade, Karotte (roh), grüne Bohnen, Linsen, Quinoa, Äpfel, fettarme Milch, Naturjoghurt, Kirschen, Pflaumen.

Mittlerer GI 40–65%:
Vollmilch, Erbsen, Vollkornnudeln, Haferflocken, Pfirsich, Orange, Vollkornbrot, Naturreis, Buchweizen, Banane.

Hoher GI über 65%:
Graubrot, Honigmelone, Weißbrot, Pellkartoffeln, weißer Reis, Wassermelone, Zucker (Saccharose), Karotte (gekocht), Cornflakes, Instant-Reis, Kartoffelbrei, Glukose (z.B. auch glukosehaltige Sportgetränke).

Stephanie Graf,
800-m-Läuferin

Geheimes von Großmuttern: Die „Gräfin" verrät Details

Stephanie Graf? Vom Tennis zur Leichtathletik? Am Anfang ihrer Karriere konnte eine Verwechslung mit der prominenten deutschen Namensschwester schon einmal passieren, aber mit den wachsenden Erfolgen hat sich die Kärntnerin einen „eigenen" Namen erarbeitet. Olympiasilber über 800 m bei den Olympischen Spielen in Sydney (1:56.64 min.) hinter ihrer großen Rivalin, Maria Mutola aus Mocambique. Silber 2001, sowohl bei der Hallen-WM in Lissabon (nur 3/100 Sekunden hinter der Siegerin) als auch bei der WM in Edmonton, wo sie nur um 4/100 Sekunden geschlagen wurde. Die Siegerin? Maria Mutola!

Und dann gab es noch jenes 800-m-Rennen bei der Hallen-Europameisterschaft in Wien: Wieder ein Herzschlagfinale mit 3/100 Sekunden Unterschied zwischen Gold und Silber. Das Rennen machte die Slowenin Jolanda Ceplak in neuer Weltrekordzeit. Aber auch Stephanie Graf blieb, frene-

tisch angefeuert von ihren Landsleuten, unter dem alten Weltrekord. Die Kämpferin par excellence erreichte mit 1:55.85 min. die beste Zeit ihrer Karriere.

Ihren größten Kampf bestritt sie jedoch außerhalb des Stadionrunds. Kurze Zeit nach ihrem Lauf in Wien wurde bei ihr ein Tumor gefunden, der in einer langwierigen Operation entfernt werden musste. Mit unglaublichem Ehrgeiz kämpfte sich Stephanie Graf in den darauf folgenden Monaten wieder an die Weltspitze. Bei der Hallen-WM 2003 in Birmingham gewann sie erneut Silber. Hinter? Natürlich Maria Mutola.

Im Dezember 2003 machte der für viele unerwartete Rücktritt von Stephanie Schlagzeilen. Alle, die sie näher kennen, hatten schon bemerkt, dass sich etwas verändert hatte. Sie selbst sagte: „Der Tumor und die Angst in jener Zeit vor der Operation haben mein Wesen sicher verändert und mein Leben umgekrempelt. Ich habe andere Werte als wichtig erkannt. Es gibt viele schöne Dinge im Leben, nicht nur den Erfolg im Leistungssport."

Stephanie zum Thema „Schnelle Küche":

Meine Eltern waren beide berufstätig, als mein jüngerer Bruder in die Schule ging. So war ich für die Zubereitung des Mittagessens zuständig. Das war keine leichte Arbeit, denn bei meinem kleinen Bruder – der ganz nach seinem Großvater geraten war – musste das Mittagessen immer pünktlich mit dem Läuten der Kirchenglocken um exakt 12 Uhr auf dem Tisch stehen. Sonst war er unerträglich.

Eines Tages überlegte ich wieder einmal fünf Minuten vor zwölf, was ich möglichst schnell auf den Tisch zaubern konnte. Da kamen mir tiefgekühlte Marillenknödel gerade recht. Ich las die Kochanleitungen. Möglichkeit eins – in Salzwasser 20 Minuten kochen lassen – dauerte zu lange. Möglichkeit zwei – im Mikrowellenherd fünf Minuten bei mittlerer Stufe und dann, zugedeckt noch drei Minuten ziehen lassen – ebenfalls. Möglichkeit drei lautete: In heißem Fett eine Minute unter ständigem Rühren anbraten. Ich wählte Möglichkeit drei. Nach 1 1\2 Minuten wurde ich zornig: Diese blöden Knödel waren noch immer tiefgefroren! Ich las noch einmal nach und bemerkte erst jetzt, dass ich aus Versehen die Kochanleitung für die Brösel erwischt hatte, in denen die gekochten Knödel gewälzt werden. Mittlerweile waren die Knödel außen auch noch verbrannt und mein Bruder war hungrig und unausstehlich.

KÄRNTNER KASNUDELN NACH GROSSMUTTERART *(ergibt 6–8 Portionen)*

REZEPT

ZUTATEN:

Nudelteig:

400 g glattes Weizenmehl
1\2 Ei
1,5 dl Wasser
Salz
ein EL Olivenöl
Ei zum Bestreichen

Füllung:

500 g Topfen (Bröseltopfen)
130 g Semmelwürfel
70g Butter
2 dl Milch
50g fein gehackte Zwiebeln
100 g gekochte und geschälte Erdäpfel (Kartoffeln)
2 EL gehackte Minzblätter
2 EL gehackter Kerbel
Salz
weißer Pfeffer aus der Mühle
80 g Butter zum Begießen

ZUBEREITUNG:

Mehl, Ei, Wasser, Öl und Salz zu einem glatten Nudelteig verkneten. 20 Minuten ruhen lassen, dann dünn ausrollen. Zwiebeln in Butter goldig rösten. Semmelwürfel und Topfen mit Milch begießen, leicht vermengen, Zwiebeln beigeben. Erdäpfel passieren, mit Gewürzen und Kräutern der Topfenmasse beigeben, durchrühren. Ca. 40 g schwere Kugeln formen. Die Kugeln in ausreichendem Abstand nebeneinander am unteren Ende auf den Teig legen, an den Rändern mit geschlagenem Ei bestreichen. Den Teig von unten nach oben überklappen, rundum fest anpressen. Mit einem runden Ausstecher ca. 6 cm große, halbmondförmige Täschchen ausstechen. Ränder fest andrücken und krendeln (= wellenartig abdichten). In siedendem Wasser kochen, aus dem Wasser heben, abtropfen lassen und mit brauner Butter begießen.

Dinkel macht fit und fröhlich!

Dinkel ist ein ganz besonderes Korn und mittlerweile mein absoluter Favorit. Das hat geschmackliche, aber auch gesundheitliche und gefühlsmäßige Gründe: Schon bei den Kelten und im alten Ägypten war das fein-nussige Getreide überaus beliebt, bis heute wird es oft als „Heilnahrung" bezeichnet. Sein Mehlkorn ist sehr fein strukturiert und von einem Zelleiweißnetz durchzogen, dessen Zusammensetzung positiv auf den menschlichen Organismus wirkt und eine höhere biologische Wertigkeit als Weizen hat. Durch die auffallend gute Wasserlöslichkeit und hohe Quellfähigkeit des Dinkels gelangen seine wertvollen Inhaltstoffe leicht und schnell zu allen Organen des Körpers und werden gut verdaut.

„Aus dem Dinkel-Kohlenhydrat holt der Körper soviel oder sowenig Fett wie notwendig. Das gilt sogar für jede einzelne Zelle. Spezielle Zellen sind vom

Fett-Lipoid-Gehalt abhängig, insbesondere die Nervenzellen", schreibt Dr. Gottfried Hertzka über den Dinkel und verweist auf die Wirkung des Korns als Gehirn- und Nervennahrung. Hertzka nennt den Dinkel auch „das Getreide mit dem Ei daran" und meint damit die Molekularstruktur des Dinkeleiweißes und den hohen spezifischen Klebergehalt.

Auch Hildegard von Bingen beschäftigte sich eingehend mit Dinkel. Sie war sich sicher, dass er den Organismus harmonisiert und den gesamten Körper stärkt. Die bekannteste Passage aus ihrem berühmten Buch über das außergewöhnliche Getreide lässt auch den Schluss zu, dass sie es als ideale Kraftnahrung für Sportler bezeichnen würde. Die viel gepriesenen „froh machenden" Eigenschaften des Dinkels führen Wissenschaftler auf den erhöhten Alanin-Gehalt zurück (Alanin ist eine Aminosäure), der auch beim Hafer nachzuweisen ist. Genügend Argumente, morgen ein Dinkelbrot beim Bäcker zu kaufen oder eines selbst zu backen?

Dinkel in allen Varianten:

Dinkel gibt es in zahlreichen leckeren Verarbeitungsformen. Probieren Sie Dinkelbrot, Dinkelknäcke, Dinkelkekse oder –cracker. Da Dinkel ein hervorragendes Kochgetreide ist (er verliert übrigens auch bei einer Temperatur von 100 Grad keines seiner wertvollen Inhaltstoffe), verwende ich es – so wie Reis – als kohlenhydratreiche Grundlage einer Mahlzeit.

Kochen Sie Dinkelkörner (für Eilige wie uns gibt es „Schnellkoch-Dinkel") in Gemüsebrühe. Das Getreide lässt sich gut mit gedünstetem Gemüse oder Pilzen verfeinern (z.B. Shiitake, Austernpilze, Champignons). Pilzlosen Köchen hilft Pilzpulver (z.B. aromatische Steinpilze).

Weitere Variationen: Dinkel mit Tofu, Dinkel und Gemüse (und Tofu) als kalte, morgens zubereitete Mahlzeit, fürs Büro. Für Pasta-Fans gibt es eine große Auswahl an Dinkelnudeln.

Die Heilige Hildegard von Bingen über Dinkel

„Dinkel ist das beste Getreide, fettig und kraftvoll und leichter verträglich als alle anderen Körner. Es verschafft dem, der es isst, ein rechtes Fleisch und bereitet ihm gutes Blut. Die Seele des Menschen macht er froh und voll Heiterkeit. Und wie immer zubereitet man ihn isst, sei es als Brot, sei es als andere Speise, ist er gut und lieblich und süß."

Hildegard von Bingen (1098 – 1179)

HERMINATOR-DINKELGUGELHUPF...

...oder wie Maier zum Tiger wird: Der Herminator-Hupf.
(mehr von und über Hermann Maier auf Seite 201)

ZUTATEN:

200 g Dinkel-Vollkornmehl
50 g Urdinkel-Vollgrieß
3 Eier
l süße Sahne (Schlagobers)
1 Päckchen Backpulver
3 EL Milch
ein Päckchen Vanillezucker
250 g Rohrzucker
Butter und Mehl für die Form

ZUBEREITUNG:

Eier in Dotter und Eiweiß trennen. Die Sahne halb flüssig schlagen. Unter weiterem Schlagen Rohrzucker und Vanillezucker einarbeiten. Die Dotter einrühren. Mehl, Grieß und Backpulver unterheben, Milch zugießen.
Eiweiß zu Schnee schlagen und unter die Masse ziehen.
Gugelhupfform mit Butter ausstreichen und mit Mehl ausstreuen.
Teig einfüllen.
Gugelhupf bei 180 Grad rund 45 Minuten backen.

Hildegard würde sie mögen: Dinkelbrötchen à la Franke

400 g Dinkel
ein Würfel Hefe
100 g Butter
200 ml Vollmilch
ein Teelöffel Mineral- oder Meersalz

Ein großes Blech mit Fett einstreichen. Dinkel fein mahlen, Hefe und Salz in das Mehl bröseln. Mit Milch und Butter zu einem Teig kneten, der sich von den Händen löst. In einer Schüssel zugedeckt rund 30 Minuten gehen lassen. Brötchen formen, auf das Blech legen und noch mal gehen lassen.
Backzeit: 30 Minuten bei 200 Grad.

Stéphanes Dinkelbrot aus der Brotbackmaschine

Der Kauf einer Brotbackmaschine war eine der besten Investitionen, die ich je getätigt habe. Es ist herrlich, nach Hause zu kommen, und den Duft von frischem Brot zu riechen. Mit einem Vollautomaten ist es auch denkbar einfach, diverse Brotsorten selbst zu kreieren. Abends wird gebacken, morgens lockt uns knuspriges Brot mit einwandfreier Herkunft an den Frühstückstisch:

ein TL Trockenhefe
300 g frisch gemahlenes Vollkorn-Dinkelmehl
150 g frisch gemahlenes Vollkorn-Kamutmehl
2 TL Meersalz
1 1/2 EL Rohrohrzucker
3 EL Sonnenblumenöl
60 g Sonnenblumen- oder Kürbiskerne
330 ml Wasser
Wählen Sie das Programm „Mehrkornbrot“.

Alles drin, was Hobbyköche brauchen: Einblick in den Franke'schen Küchen-Zauberkasten

Ein Vorrat an Getreide und Getreideprodukten, Gewürzen, Ölen und anderen leckeren Dingen ist die Grundlage für alle kleinen und großen Kochprojekte. So sieht die Schatzkammer von Jana und mir aus:

- Kräutersalz mit Algen (z.B. von Rapunzel), Kristallsalz, Gomasio (gerösteter Sesam mit Meersalz).
- Hefeflocken (Edelhefeflocken, keine Bierhefeflocken), Sojasoße (z.B. Man San Tamari von Arche), Meeressalat, Kreuzkümmel, Schwarzkümmel, Muskatblüte, schwarzer und weißer Pfeffer, Tomatenmark, Tomatenstücke (z.B. von Hengstenberg), Senf.
- Sesammus (Tahin), Mandelmus.
- Zuckerrübensirup, Fruchtaufstrich.
- Olivenöl, Leinöl, Sesamöl, Kürbiskernöl, Sojaöl.
- Apfelessig (naturtrüb), Balsamico-Essig.
- Sprossenzucht im Glas (Mungobohnen, Alfalfa, Kichererbsen), Kräuterzucht auf dem Balkon.
- Dinkel zum Kochen und Backen, Dinkelnudeln, Schnellkochdinkel, Naturreis (mit und ohne Wildreis), Hirse, Kichererbsen, grüne, rote und schwarze Linsen, Mais, Sonnenblumen- und Kürbiskerne.
- Parmesan, Sbrinz (mehr als eine Schweizer Alternative zum Parmesan!), Brotaufstrich aus Sonnenblumenkernen („Streich“), Frischkäse (Ziege und Kuh), Quark, Sauerrahm.
- Tofu natur, Sojamilch.
- Gemüse vom Markt, Kartoffeln, Obst.
- Nüsse, Müslimischung, Haferflocken extra.

Info: So lange verweilen Speisen im Magen

15–30 Minuten:
Kohlenhydrathaltige Getränke (Fruchtschorle, Tee mit Süße, Iso-Drinks).
1–2 Stunden:
Wasser, Kaffee, fettarme Brühe, Bier, geschälte Äpfel, Banane, weich gekochte Eier, Kartoffelbrei, Buttermilch.
2–3 Stunden:
Kaffee mit Milch, Kakao, Joghurt, fettarmer Käse (max. 30 %), Nudeln ohne Ei, Tomaten, Weißbrot.
3–4 Sunden:
Vollkornbrot, Milch, Rührei, gedünstetes Gemüse, Käse (40 % und mehr Fett).
4–5 Stunden:
Hülsenfrüchte, Weiß- und Rotkohl, Gurkensalat, Maiskörner, süße Sahne, Buttercremetorte.
6–7 Stunden:
Speck, Pilze, Thunfisch in Öl, Fettgebackenes (z.B. Pommes frites).
7–8 Stunden:
Fettes Fleisch, Sauerkraut, Grünkohl, Ölsardinen.

Kathrin Boron, Ruderin

Kathrin verrät das Erfolgsrezept: Stark am Ruder mit Milchreis

Sie gilt als die erfolgreichste Ruderin aller Zeiten, wurde sieben Mal Weltmeisterin und vier Mal Olympiasiegerin – dennoch möchte Kathrin Boron die Ruderblätter auch nach ihrem Triumph in Athen nicht in die Ecke stellen. Zu viel Spaß macht der 1969 in Eisenhüttenstadt geborenen Ausnahmeathletin der Sport auf dem Wasser. 2003 feierte sie nach ihrer Babypause gemeinsam mit Britta Oppelt im Doppelzweier ein eindrucksvolles Comeback. Doch WM-Silber genügte der ehrgeizigen und trainingsfleißigen „Boroni" nicht. In Athen erkämpfte sie sich zusammen mit Kerstin El Qualqili, Meike Evers und Manuela Lutze olympisches Gold im Doppelvierer. Mit einer Bootslänge Vorsprung siegte das favorisierte Quartett vor Großbritannien und der Ukraine.

Kathrin zum Thema „Zwangslöffeln":
In ihrer Kindheit gab es – kulinarisch gesehen – wenig Lichtblicke. Linsensuppe war das Lieblingsgericht ihrer Mutter und kam entsprechend häufig auf den Tisch. „Was vor mir stand, musste gegessen werden", erinnert sich Kathrin schmunzelnd, „aber es kam dann eben gleich wieder hoch". Die mehlige Suppe aus Hülsenfrüchten hat der starken Athletin offensichtlich nicht geschadet und gehört neben Milchreis mittlerweile zu ihren Leib-und-Magen-Speisen. Und Töchterchen Cora? „Ach, die isst eigentlich alles gerne. Es besteht also keine Gefahr, dass nach dem Essen Großreinemachen angesagt ist."

MILCHREIS À LA BORON

(für 4 Personen)

ZUTATEN:

175 g Milchreis (Rundkorn)
Wasser
ein Liter Milch
eine Prise Salz
2–3 EL Sahnequark
etwas frisch geriebene Vanilleschote
1–2 EL Butter
Rohrzucker, Zimt
Apfelmus oder im Winter z. B. mit Mandarinen

ZUBEREITUNG:

Milchreis neigt dazu schnell anzubrennen. Daher kocht ihn Kathrin zunächst in Wasser: Milchreis gründlich waschen und mit einer Prise Salz in Wasser weich kochen. Dann überschüssiges Wasser abgießen und mit der Vollmilch auffüllen. Kurz aufkochen lassen, anschließend 2–3 Esslöffel Sahnequark und etwas frisch geriebene Vanilleschote unterrühren. Mit flüssiger Butter, Rohrzucker, Zimt oder Apfelmus servieren.

5. MIT FRANK ROSIN DURCH DEN SOMMER

Wie der Sommer schmeckt, ist nicht einfach zu erklären. Nach Wärme und Sonne vielleicht? Besonders saftig und aromatisch? Seine Schätze jedenfalls verteilt er verschwenderisch und wir greifen gerne zu: Morgens schon Beeren vom Strauch im Garten pflücken, gegen Zucchiniinvasionen ankochen und mit cleveren Schnecken um Salatköpfe und Kräuter kämpfen. Und das Schönste: Wir können wundervoll lange Abende genießen, nach Feierabend ohne Grubenlampe laufen, in Baggerseen hechten...

ZITRONEN-KOKOSSUPPE MIT HÄHNCHEN

(für 4 Personen)

ZUTATEN:

2 Hähnchenbrüste (ca. 400 g)
2 Zitronengras-Stängel
eine ungespritzte Zitrone
200 g Zucchini
eine rote Paprika
eine geschälte Knoblauchzehe
ein kleines geschältes Ingwerstück
ein EL Sojaöl
eine Dose Kokosmilch (450 ml)
0,5 l Geflügelfond
Jodsalz
gemahlener Koriander

ZUBEREITUNG:

Die Hähnchenbrüste in ein Zentimeter breite Streifen schneiden. Zitronengras von den äußeren Blättern befreien, längs halbieren, etwas zerdrücken und in feine Streifen schneiden. Die Zitrone mit einem Sparschäler schälen, das Weiße der Schale mit einem scharfen Messer entfernen. Zucchini und Paprika waschen, Paprika halbieren, Strunk und Kerne entfernen und mit der Zucchini klein schneiden. Knoblauch und Ingwer fein hacken.

Hähnchenbrust in heißem Öl anbraten, Gemüse hinzufügen, kurz andünsten, Zitronengras und Knoblauch beigeben. Mit Kokosmilch und Geflügelfond ablöschen. 6–8 Minuten bei schwacher Hitze ziehen lassen, mit Salz und Koriander abschmecken.

REZEPT

GURKEN-GAZPACHO

(für 4 Personen)

ZUTATEN:

2 Salatgurken
400 ml Gemüsefond
250 g Sahnejoghurt
ein Bund Dill
3 Blätter Pfefferminze
Meersalz, Pfeffer
eine Prise Cumin (Kreuzkümmel)
2 EL geröstete Mandelblätter
2 feingehackte, hartgekochte Eier

ZUBEREITUNG

Gurken schälen, längs halbieren, mit einem Teelöffel entkernen und in grobe Stücke schneiden. Mit dem Pürierstab fein pürieren, Gemüsefond und Joghurt zugeben.

Den gewaschenen Dill und Pfefferminze von Stielen befreien, fein hacken und unter die Gurkensuppe rühren. Mit Salz, Pfeffer und Cumin abschmecken. Zugedeckt ca. 2 Stunden kühl stellen.
Gut gekühlt mit den Mandeln und Eiern servieren

GEMÜSENUDELN „ARABISCHE ART"

(für 4 Personen)

REZEPT

ZUTATEN:

500 g Karotten
3 mittelgroße Zucchini
eine große geschälte Zwiebel
300 g Zuckerschoten
eine große Stange Lauch
ein kleines Stück Ingwer, geschält und feingehackt
2 EL Butter, 2 EL Sonnenblumenöl
Saft von einer Orange
3 EL Pinienkerne geröstet
ein EL Rosinen
gemahlener Kreuzkümmel
1 Bund Blattspinat
gemahlener Zimt

ZUBEREITUNG

Die Karotten schälen. Den Lauch von den äußeren Blättern befreien, längs halbieren, waschen und in ca. 8 cm lange und 1 cm breite Streifen schneiden. Zuckerschoten putzen. Karotten und die gewaschenen Zucchini mit Hilfe eines Sparschälers in lange Streifen schneiden. Die Zwiebel in feine Streifen schneiden. Öl und Butter erhitzen, Zwiebel kurz darin andünsten, Zuckerschoten kurz mitdünsten, Karotten, Zucchini und Lauch zugeben. Mit Salz und Pfeffer würzen, etwas Wasser zugeben.

In der Zwischenzeit ein EL Butter erhitzen, Ingwer kurz darin andünsten, Pinienkerne und Rosinen zugeben. Mit wenig Salz, Kreuzkümmel und Zimt würzen, mit Orangensaft ablöschen. Die gewaschene Petersilie grob hacken und zugeben. Das Ganze mit den Gemüsenudeln mischen. Mit türkischem Fladenbrot servieren.

KOHLRABI MIT DATTEL-RISOTTO

(für 4 Personen)

ZUTATEN:

8 junge, gleichgroße Kohlrabi
eine kleine geschälte Zwiebel
200 g rosa Champignons
150 g Rundkornreis (z.B. Avorioreis)
Gemüsebrühe
4 EL Creme fraiche
Jodsalz, Pfeffer aus der Mühle
80 g entkernte und gehackte Datteln
3 EL Haselnussöl
Tipp: schmeckt auch mit Vollkornreis!

ZUBEREITUNG

Pilze putzen und klein schneiden. Die Zwiebel fein hacken. Beides in heißem Öl andünsten, Reis zugeben und unter Rühren kurz mitschwitzen. Mit gut 0,4 l Brühe ablöschen und unter regelmäßigen Rühren ca. 20 Minuten ausquellen lassen. Bei Bedarf noch etwas Brühe zugießen. Creme fraiche unterziehen und mit Salz und Pfeffer abschmecken.

Kohlrabi gut 2 cm unterhalb des Blattansatzes abschneiden, schälen und mit einem Löffel aushöhlen, mit Salz und Pfeffer würzen. Unter das Risotto die gehackten Datteln und das Innere einer Kohlrabi geben, in die ausgehöhlten Kohlrabi füllen. Die Kohlrabi in einen passenden Topf geben, die restliche Brühe einfüllen, Kohlrabideckel aufsetzen und zugedeckt ca. 35 Minuten garen. Anschließend anrichten.

SPINATSALAT MIT STEINBEISSERFILET

(für 4 Personen)

ZUTATEN:

600 g Steinbeißerfilet ohne Gräten und ohne Haut
Saft einer halben Limette
75 g Cashewkerne
350 g Spinatsalat
eine mittelgroße Orange
2 EL Aceto Balsamico (z.B. von Hengstenberg)
eine Schalotte
3 EL Olivenöl
2 EL Butter

ZUBEREITUNG

Fischfilet mit kaltem Wasser abspülen, trocken tupfen, mit Limettensaft beträufeln und mit Salz und Pfeffer würzen. Cashewkerne in einer Pfanne goldgelb rösten, dann abkühlen lassen. Spinat aussuchen, gründlich waschen und gut abtropfen lassen. Orange schälen, so dass sie von der weißen Haut befreit ist, und die Fruchtfilets herausschneiden. Aus den Rest der Orange den Saft auspressen, mit Salz, Pfeffer und Essig verrühren. Die Schalotte fein hakken, mit dem Öl dazu geben und alles gut mixen. Spinatsalat und Orangenfilets auf einen Teller legen. Fischfilets mit Butter in einer Pfanne etwa 3 Minuten von jeder Seite braten, mit Salz und Pfeffer würzen. Fisch neben den Salat anrichten, Cashewkerne und Dressing über den Salat verteilen.

Aceto
Balsamic
di Modena

GEBRATENER TOFU MIT SÜSS-SAURER MANGO *(für 4 Personen)*

ZUTATEN:

500 g Tofu
2 EL Sesamöl
3 EL Sojasoße
grob gemahlener schwarzer Pfeffer
etwas frischer Koriander
2 Zitronengras-Stängel
ein kleines Stück frischer Ingwer
2 Mangos
3 EL Honig
2 EL Reiswein
4 EL Reisessig
1 EL Sesamsaat
2 EL Sojaöl

ZUBEREITUNG

Tofu abtropfen lassen und in Stücke schneiden. 2 EL Sesamöl, Sojasoße und Pfeffer verrühren. Korianderblätter vom Stiel zupfen. Zitronengras klein schneiden, mit der breiten Messerseite flach drücken. Tofu, Koriander und Zitronengras in eine flache Schüssel geben. Mit der Sojamischung beträufeln und bedeckt ca. eine Stunde ziehen lassen.
Ingwer schälen und fein reiben. Mangos schälen und mit einem Kugelausstecher Kugeln ausstechen. Ingwer in einem EL heißem Öl andünsten. Honig, Reiswein und Essig zugeben und aufkochen. Mangokugeln darin bei schwacher Hitze ca. 8 Minuten dünsten.
Sesam in einem Wok goldbraun rösten. Sojaöl in einer Pfanne erhitzen und Tofu darin portionsweise goldbraun braten.
Tofu und Mangokugeln auf Tellern anrichten und Sesam darüber streuen.

KOMBUCHA-KIRSCHEN

(für 4 Personen)

ZUTATEN:

ein Liter Kombucha
400 g entsteinte Sauerkirschen
30 g geschälter Ingwer
ein Zitronengras-Stiel, klein geschnitten
2 Nelken
100 g Ursüße
Abrieb von einer Zitrone

ZUBEREITUNG

Alle Zutaten bis auf die Kirschen zusammen aufkochen und bis auf die Hälfte reduzieren lassen. Die Kirschen in Gläser geben. Den Kombuchafond durch ein Sieb passieren, im heißen Zustand auf die Kirschen gießen und abkühlen lassen. Gut gekühlt genießen.

Tipp: Schmeckt auch gut mit Vanille-Pudding.

ERDBEER-DAIQUIRI

(für 4 Personen)

ZUTATEN:

500 g Erdbeeren
2 Limetten
4–5 EL Honig
Ca. 14 EL crushed ice

ZUBEREITUNG:

Erdbeeren säubern und die Limetten auspressen.
Mit dem Honig und dem Eis mixen und sofort genießen.

6.

VITAMINE UND CO.

Greifen Sie zu, wenn Sie eine knallrote Paprika anlacht! Zeigen Sie sich gastfreundlich, wenn junges Gemüse voll Tatendrang Ihren Einkaufskorb entern will. Köcheln sie was Schönes mit den kunterbunten Leckerbissen der Natur, denn Sie sind voll kerngesunder Inhaltsstoffe!

VITAMINE UND CO.

Von bekannten und unbekannten Wirkungen der Pflanzen

Vitamine (Vita = Leben) sind lebenswichtige Winzlinge, die nur in sehr kleinen Mengen vom Körper benötigt werden. Da er sie nicht selbst herstellen kann, müssen wir Muttis Empfehlung („Bub, iss…!“) lebenslang beherzigen. Vitamine „zünden“ und regulieren den Stoffwechsel und stärken das Immunsystem des Körpers. Sie sind wasserlöslich (C, B1, B2, B6, B12, Biotin, Niacin, Panthotensäure, Folsäure) oder können nur zusammen mit Fett resorbiert werden (A, ß-Carotin, D, E, K). Da Vitamine vom Körper nicht lange gespeichert werden, müssen wir für einen ausreichenden täglichen Nachschub über unsere Zwischen- und Hauptmahlzeiten sorgen. Doch sollten die Früchtchen nicht tagelang unter Zellophan vor sich hingedämmert haben, denn ihr Vitamingehalt sinkt mit abnehmender Frische. Werden Sie Kleinbauer und züchten Sie „Vitaminbomben“ in der eigenen Küche: In einem speziellen Keimglas oder einem Einmachglas können Sie beispielsweise Mungobohnen, Alfalfa oder Kichererbsen reifen lassen und täglich knackige und aromatische Sprossen für Salate und Gemüsemahlzeiten ernten.

Vitamine – ihre Wirkung und ihr Bedarf im Überblick

Vitamin A (Retinol):
Wirkung im Organismus: Sehkraft, Aufbau und Regeneration der Haut, Schutz vor Zellschäden durch Radikale.
Täglicher Bedarf: 0,8 mg–1 mg.
Enthalten in: Butter, Margarine, Milch, Sojabohnen, Sojasprossen, Tofu, Kanne Brottrunk und Kanne Enzym-Ferment Getreide. Beta-Carotin (Vorstufe von Vitamin A): Karotten, Aprikosen, Brokkoli, Grünkohl, Sauerkraut, Melonen, Kaki.

Vitamin D:
Täglicher Bedarf: 5 µg.
Wirkung im Organismus: Knochenbildung, Kalzium- und Phophatstoffwechsel. Achtung! Der Körper kann Vitamin D auch während eines rund 10-minütigen Aufenthalts im Freien durch Einwirkung es UV-Lichts bilden. Das funktioniert auch bei bedecktem Himmel.
Enthalten in: Milch- und Milchprodukten, Margarine, Eigelb, Shiitake (enthält Ergosterin, eine Vorstufe von Vitamin D. Wenige Pilze reichen bereits, um den täglichen Vitamin-D-Bedarf des Menschen zu decken), Kanne Brottrunk, Kanne Enzym-Ferment Getreide, Hering, Makrele

Vitamin E:
Täglicher Bedarf: 12 mg.
Wirkung im Organismus: Schutz der Zellwände, Unterstützung der Leber bei der Entgiftung.
Enthalten in: Pflanzlichen Fetten (Öl, Nüsse), Pflanzensamen (z.B. Sesam, Sonnenblumen), Sojabohnen, Tofu, Sojasprossen, Hülsenfrüchten allgemein, Kanne Enzym-Ferment Getreide.

Vitamin K:
Täglicher Bedarf: 65–80 µg.
Wirkung im Organismus: Blutgerinnung.
Enthalten in: Der Körper kann Vitamin K auch in Eigenregie bilden. Gute K-Quellen sind Kohlgemüse, Sauerkraut und alle grünen Gemüse.

Vitamin B1:
Täglicher Bedarf: 1,1–1,3 mg.
Wirkung im Organismus: Kohlenhydrat-Stoffwechsel, stärkt Nerven und Herz
Enthalten in: Vollkorngetreide, Vollkornprodukten, Hülsenfrüchten, Sojabohnen, Sprossen (z.B. Sojasprossen), Kartoffeln, Pilzen (z.B. Shiitake, Austernpilz), Sauerkraut, Kanne Getreideprodukten, Sonnenblumenkernen.

Vitamin B2:
Täglicher Bedarf: 1,5–1,7 mg.
Wirkung im Organismus: Fett-, Kohlenhydrat- und Eiweiß-Stoffwechsel, Energiegewinnung.
Enthalten in: Vollkornprodukten, Sojabohnen, Milch- und Milchprodukten, Ei, Kanne-Getreideprodukten, Pilzen, Sauerkraut, Fleisch, Fisch.

Vitamin B3 (Niacin)
Täglicher Bedarf: 15–18 mg.
Wirkung im Organismus: Niacin kann der Mensch teilweise aus der Aminosäure Tryptophan selbst synthetisieren.
Energiegewinnung im Organismus.
Enthalten in: Sojabohnen, Tofu, Vollkorngetreide, Hülsenfrüchten, Pilzen, Kartoffeln.

Vitamin B6 (Pyridoxin):
Täglicher Bedarf: 1,6–1,8 mg
Wirkung im Organismus: Eiweiß-Stoffwechsel, Blutbildung, Nerven, Aufbau und Regeneration von Haut und Haaren.
Enthalten in: Vollkorngetreide, Vollkornprodukten, Gemüse, Sojabohnen, Bananen, Kohl, Lauch, Paprika, Pilzen, Sauerkraut, Kanne Getreideprodukten, Fisch, Fleisch.

Vitamin B12:
Täglicher Bedarf: 3 µg.
Wirkung im Organismus: Aufbau der roten Blutkörperchen, Blutbildung, Bindegewebe, stärkt die Abwehrkräfte.
Enthalten in: Algen, Hefe/Hefeflocken, Eiern, Milch, Käse, Sauermilchprodukten, milchsauer vergorenes Gemüse (z.B. Sauerkraut), Miso (eine aus fermentierten Sojabohnen, Getreide und Meersalz gewonnene cremige bis feste Paste, die alle essentiellen Aminosäuren und wichtigen Mineralstoffe enthält. Sie kommt ursprünglich aus Japan und wird als pikantes Gewürz verwendet. Japaner lieben Misosuppe zum Frühstück.) Sojasauce, Sauerkraut, Kanne Brottrunk, Fisch, Fleisch.

Folsäure:
Täglicher Bedarf: 0,3 mg.
Wirkung im Organismus: Zellteilung, Neubildung von Zellen (Blutgewinnung).
Enthalten in: Gemüse (Rote Bete, Spinat, Fenchel, Spargel, Mangold), Hefe, Weizenkeimen, Sojasprossen, Pilzen (z.B. Shiitake, Austernpilz)

James Cook, der berühmte Weltumsegler, beugte der als Skorbut bekannten Vitamin-C-Mangelerkrankung mit Sauerkraut vor. Im Schiffsbauch lagerten auf seinen Fahrten Fässer mit dem milchsauer vergorenem Gemüse, das die Mannschaft während der Überfahrt mit Vitaminen und zahlreichen anderen Nähr- und Mineralstoffen versorgte.

Vitamin C
Täglicher Bedarf: 75–110 mg.
Wirkung im Organismus: stärkt das Immunsystem, fördert den Zellaufbau, Blutbildung, Entgiftung, Radikalenfänger.
Enthalten in: Kartoffeln, Paprika, Kohl, Brokkoli, Zitrusfrüchten, Beeren.

Pantothensäure:
Täglicher Bedarf: 6 mg.
Wirkung im Organismus: Stoffwechsel, Aufbau und Regeneration von Haut und Haaren.
Enthalten in: Hefe, Eigelb, Vollkorngetreide, Brokkoli, Pilzen.

Biotin:
Täglicher Bedarf: 0,1 mg.
Wirkung im Organismus: Zellstoffwechsel, Erneuerung der Blutzellen, Nerven, Aufbau und Regeneration von Haut und Haaren.
Enthalten in: Hefe, Eigelb, Sprossen, Soja, Möhren, Erbsen.

Sigi Heinrich, Eurosport-Kommentator

Sigi hat's nicht leicht und bastelt mit Pomelofilets

Die große Leidenschaft des 51-Jährigen galt schon immer dem Sport: Er studierte Sport an der TU München, war Turn- und Volleyballtrainer beim TV Bad Tölz, betrieb Turnen als Leistungssport beim TSV Wolfratshausen, wo er vorübergehend auch das Fußball-Tor hütete. Anschließend arbeitete er viele Jahre in der Sportredaktion der Süddeutschen Zeitung bevor er zum Fernsehsender Eurosport wechselte. Auch am Mikrophon ist Sigi Heinrich ein Allround-Talent: Ski alpin, Leichtathletik, Volleyball und Turnen gehören zu seinem Stammrepertoire, aber auch im Biathlon und Eishockey ist er seit 1989 regelmäßig auf Sendung.
Seine zweite große Liebe ist die gute Küche. Aus Leidenschaft und Neugier tourt er gerne durch Frankreich, um bei den bekanntesten Köchen der Feinschmeckernation zu dinieren und zu genießen. Entgegen landläufiger Meinungen hüpfen Journalisten jedoch nicht von Kaviar zu Champagner: Beim Catering im Rahmen sportlicher Wettkämpfe ist oftmals kulinarische Wüste angesagt – was für Sigi Leiden bedeutet. Doch wenn Heinrich und Franke mal unterwegs sind – z.B. 2003 während der Hallen-WM in Budapest – werden die Pappbrötchen-Empfänge ignoriert und die Feinschmecker-Führer ausgepackt. Denn nicht nur für Sportler gilt: Du bist, was du isst.

Sigi und das Meeting in Stockholm:

Der Duft zieht schon von weitem in die Nase. Verführerisch, unwiderstehlich und herrlich aufdringlich. Auf dem Weg zum Olympiastadion in Stockholm steht seit Jahr und Tag der beste Würstelstand der Leichtathletik. Es gibt sie in zwei Varianten. Weniger scharf („Bamse") und scharf („Chorizo"), wobei weniger auch schon ein Rachenputzer ist. Ich nehme immer scharf, mit ge-

trockneten Zwiebeln und Ketchup. Eine auf dem Weg zum Stadion und eine auf dem Weg vom Stadion zurück ins Hotel. Das ist Tradition wie das Schübli in Lausanne, die roten natürlich. Die wird mit Senf verspeist. Neuerdings kam Prag zum ersten Mal in meinen Terminkalender. Ein kleineres Meeting mit einer großen Wurst. Dagegen ist die scharfe in Schweden Kinderkram. Und die tschechische Wurst trieft nur so vor Fett und lag bestimmt auch schon eine halbe Ewigkeit auf der Wärmeplatte neben dem Grill, auf dem sie kurz nach der Bestellung noch mal aufgebraten wurde.
Und selbst in Paris bleibt nur die Wurst. In Paris! In Frankreichs Hauptstadt, der Gourmetmetropole, wo selbst der Müllmann nur Bressehühner tranchiert und die Köche unverdrossen nach ihren Sternen jagen. An der Seine liegt der Hotdog wenigstens in einem ordentlichen Baguette. Das kostet dann auch entsprechend. Fünf Euro. Geschenkt. Dafür gibt es ja Majo, Ketchup und Senf umsonst aus großen Plastikflaschen. Und in Rom? Bella Italia. Vino rosso, Pasta. Nix da. Basta. In der italienischen Hauptstadt gibt es nichts. Gar nichts. Nicht mal einen Würstelstand, der mich wieder einmal vor meinem Hungerast retten könnte. Denn der gemeine Journalist muss vorbauen, da er in den meisten Pressezentren seiner Veranstaltungen mit trostlosem Catering konfrontiert wird. Trostlos heißt in diesem Fall: Leere Tische, leere Mägen. Ist der Veranstalter von gnadenloser Großzügigkeit – was nicht oft der Fall ist – gibt es wenigstens Wasser. Immerhin. Soll ja auch gesund sein und sogar wichtig. Nein, es ist nicht so, dass der weltreisende Fernsehkommentator in Saus und Braus lebt, dass er als VIP – also als sehr wichtige Person – angesehen wird, die man mit landestypischen Köstlichkeiten verwöhnt. Mit leichten Speisen vor der schweren Kopfarbeit. Mit vitaminreichen Salaten vielleicht sogar und mit Vollkornbrot. Mit Müsli möglicherweise und frischem Obst aus der Region. Wenn er essen will, und das muss er irgendwann, dann muss er löhnen. Meist viel, für meist durchschnittliches Essen, für Fettmacher, Völlegefühlverursacher und Magendrücker. Adieu, schöne Diät! Wer immer meint, es sei leicht, auf Reisen einen bestimmten Essensplan einzuhalten, der irrt – und zwar gewaltig. Wer Diät halten will, der muss sich bewegen. Das geht immer, irgendwo und irgendwie. Und er sollte einen Bogen machen, einen möglichst großen Bogen um den Würstelstand auf dem Weg ins Stadion. Und sollte doch der Appetitteufel gegen den Diätengel gewinnen: Macht auch nichts. Dann muss man in diesem kleinen Augenblick der Schwäche mit Charakter ins Auge des Taifuns blicken. Eine Wurst, eine schöne, rotwangige, knackige, gegrillte, eingeritzte Wurst mit Zwiebeln und Ketchup, der sich links und rechts aus der Rollsemmel herausdrückt und gefährlich über die Finger läuft, eine solche Wurst kann nicht vom Teufel erfunden worden sein. Dafür ist sie dann doch wieder zu gut. Ich setze meine lebenslange Diät morgen wieder fort. Denn heute findet das Meeting in Stockholm statt. Mit Chorizo. Sorry.

EISSALAT MIT POMELOFILETS AN SESAMDRESSING *(für 4 Personen)*

REZEPT

ZUTATEN:

50 g helle Sesamsamen
50 g geschälte Kürbiskerne
ein Kopf Eissalat
ein Bund Schnittlauch
ein rosa Pomelo
6 EL Reisessig
8 EL Olivenöl
ein EL Sesamöl
2 EL helle Sojasauce

ZUBEREITUNG:

Sesamsamen und Kürbiskerne ohne Fett in der Pfanne hellgelb rösten, beiseite stellen. Den Eissalat putzen, waschen, trocken schleudern und in Streifen schneiden. Schnittlauch waschen und trocken schütteln.

Pomelo gründlich schälen und vorsichtig Filets aus den Häuten schneiden.

Für das Dressing Reisessig, Oliven- und Sesamöl und Sojasauce cremig schlagen. Alles vorsichtig durchmischen und den in Röllchen geschnittenen Schnittlauch darüber streuen. Eignet sich gut als Zwischengang anstelle eines Sorbets.

Variante: Statt Pomelo rosa Grapefruits oder eine gut gekühlte Orange verwenden.

Geheimnisvolle sekundäre Pflanzenstoffe

Außen bunt und innen geheimnisvoll: Sekundäre Pflanzenstoffe in Obst und Gemüse zählen wie die Ballaststoffe zu den bioaktiven Substanzen. Sie sind nur in winzigen Mengen, z.B. als Farb- und Aromastoffe, in Pflanzen vorhanden und wirken zusammen mit Vitaminen und Mineralstoffen positiv auf den menschlichen Organismus. Sekundäre Pflanzenstoffe sind noch immer nicht vollständig erforscht, doch ist erwiesen, dass sie das Immunsystem stärken, den Stoffwechsel unterstützen und die Körperzellen vor schädlichen Umwelteinflüssen schützen.

5 am Tag – die Gesundheitskampagne mit Biss

5 Portionen Obst und Gemüse täglich, so lautet die Devise von 5 am Tag. Der Verzehr von Obst und Gemüse bietet dabei mehr als nur köstlich frischen Genuss. Menschen, die viel Obst und Gemüse essen, erkranken seltener an Krebs, Herz-Kreislauf-Leiden, Bluthochdruck, Fettleibigkeit und Diabetes mellitus.

Da ihre genaue Wirkungsweise – beispielsweise im Zusammenspiel mit den Vitaminen – noch weitgehend unbekannt ist, sind Vitamintabletten oder „Multi"-Pülverchen ganz klar zweite Wahl: Keine künstliche Zusammenstellung von Wirkstoffen kann die komplette Mischung des Naturprodukts übertreffen. „Esst mehr Obst!" stand auf der ersten Generation Markttüten. „Und vergesst nicht, jeden Mittag auch eine große Portion gedünstetes Gemüse zu schmausen", ergänzt unser Feinschmecker-Team. Übrigens ist auch Getreide (z.B. Dinkel, Reis, Hirse, Vollkornnudeln, Vollkornbrot) mit vielen sekundären Pflanzenstoffen gesegnet.

Zu guter Letzt noch ein wichtiger Hinweis vom Sternekoch: Er kennt die sensiblen Geschöpfe besonders gut, und legt Ihnen ans Herz, Gemüse und Obst möglichst schnell zu verzehren und nicht allzu großer Wärme auszusetzen.

Vorsicht vor Freien Radikalen

Unter Freien Radikalen versteht man aggressive Stoffe, die dem Körper radikal schaden können. Ob es zu einer Schädigung von intakten Körperzellen und –gewebe kommt, hängt von der Menge der vorhandenen Radikalen ab. Sie werden vom körpereigenen Immunsystem zum Schutz vor Viren und Bakterien selbst gebildet, entstehen aber auch bei der Gewinnung von Energie im Organismus. Darüber hinaus beeinflussen äußere Faktoren (z.B. Zigarettenrauch, verschmutzte Luft und UV- oder Röntgenstrahlen) die Bildung und Aufnahme von Freien Radikalen.
Eine vollwertige Ernährung mit viel frischem Obst und Gemüse liefert eine ausreichende Menge an Vitaminen, die Freie Radikale in Schach halten. Sie helfen der körpereigenen Enzymabwehr und werden gegen die Oxidation als „Anti-Oxidantien" aktiv. Zu ihnen gehören z.B. Vitamin C, Beta-Carotin und Vitamin E.

Eine Zeitungsmeldung, FAZ, 15.07.2003:

Auch für Fische gilt die Devise: Gemüse macht schlank und schön. Das wollen Wissenschaftler am Pingtung-Nationalmuseum für Marinebiologie in Taiwan herausgefunden haben. Die übliche Kost der Fische bestand aus Meeresfrüchten, etwas Austern und Garnelen. Dadurch wurden die Salzwasserfische dick und sahen fade aus, wie ein Meeresbiologe berichtete. Seit Monaten stehen nun jeden Tag zwei fleischlose Mahlzeiten wie Kohl und Spinat auf dem Speiseplan. Die Fische seien schlanker und schöner geworden. Sogar die Farben leuchteten heller, sagen die Wissenschaftler.

Einmal quer durchs Gemüsebeet – sekundäre Pflanzenstoffe

Rund 600 verschiedene **Carotinoide** verstärken die Abwehrkräfte, schützen Zellwände und Haut vor „Freien Radikalen“ aus der Umwelt (z.B. UV-Strahlen, Ozon, Röntgenstrahlen) und der Nahrung (Arzneimittel) sowie der körpereignen Produktion (z.B. durch Energiestoffwechsel, durch Krankheit). Bekanntestes Familienmitglied: Beta-Carotin als Vitamin A-Vorstufe z.B. in Aprikosen, Grapefruit, gelbem und grünem Gemüse (Möhren, Kürbis, Tomaten, Sauerkirschen, Rosenkohl, Brokkoli).

Flavonoide unterstützen Vitamin C in seiner Wirkung, wirken entzündungs- und blutgerinnungshemmend und senken den Blutdruck (Herzinfarktvorbeugung). Flavonoide sind enthalten in Kirschen, Beeren, Pflaumen, Äpfel, Rotkohl, Auberginen, Weintrauben, Zwiebeln (gelbe, blaue und violette Farbstoffe).

Glucosinolate sind am Aroma der Pflanzen zu erkennen, in denen sie enthalten sind. Sie bieten Schutz vor Infektionen und senken einen erhöhten Cholesterinspiegel. Enthalten in Senf, Meerrettich, allen Kohlarten, Kresse, Radieschen und Raps.

Sulfide sind schwefelhaltige Substanzen, die Zwiebelgewächsen ihren unverwechselbaren Geruch verleihen. Sie wirken blutgerinnungshemmend, senken den Cholesterinspiegel, stärken das Immunsystem, fördern die Verdauung und wirken antibakteriell. Sulfide sind in Knoblauch, Zwiebeln, Lauch und Schnittlauch.

Terpene schenken Zitrone und Minze ihren Geschmack.

Protease-Inhibitoren senken den Blutzuckerspiegel, wirken entzündungshemmend und blutdruckregulierend. Zu finden in eiweißreichen Pflanzen, besonders Sojabohnen, aber auch anderen Hülsenfrüchten, Kartoffeln, Getreide und in Nüssen.

Saponine schäumen in Wasser, senken den Cholesterinspiegel, wirken in Magen und Darm gegen Pilze und Krebs. Saponine sind enthalten in Hülsenfrüchten, besonders Sojabohnen und Kichererbsen.

Phytoöstrogene wirken positiv auf den Hormonstoffwechsel. Sie finden sich in der Sojabohne und im Getreide.

Phytosterine beeinflussen den Cholesterinspiegel positiv. Sie sind in Soja, Sonnenblumenkernen und Sesam enthalten.

TIPP: *Salat und Gemüse frieren oft im Kühlschrank. Wickeln Sie Ihre Markteinkäufe am besten in ein feuchtes Geschirrhandtuch und lagern sie ohne drückende Artgenossen in luftigen Netzkörben.*

Je frischer, umso besser

Obst und Gemüse sollten Sie frisch essen, denn eine längere Lagerung führt zu Vitaminverlusten. Viele Gemüsesorten – z.B. Möhren, Paprika, Fenchel und Radieschen – können Sie auch roh knabbern. Auch wenn Sie Salat bevorzugen – vergessen Sie nicht, möglichst täglich eine üppige Portion gedünstetes Gemüse zu essen.

Mineralstoffe – wichtige Helfer in Zwergengröße

Kalzium (siehe auch Tabelle): Empfehlenswerte Menge 800–1200 mg pro Tag. Ein Spitzenreiter unter den Kalziumträgern ist Sesam, eine der Grundlagen der orientalischen Küche. Probieren Sie Sesammus, auch als Tahin bekannt, als Brotaufstrich und Würze. Mandelmus ist eine prima Variante für alle, die sich mit dem Geschmack von Sesam nicht anfreunden können. Die Ausscheidung von Kalzium kann mit Produkten aus Sojabohnen (z.B. Tofu) entscheidend verringert, die Wiedereinlagerung von Kalzium in den Knochen wesentlich begünstigt werden (siehe auch Kapitel „Eiweiß“, Seite 50). Kalzium stärkt die Knochen, Vitamin D verbessert die Resorption.

Kalzium in verschiedenen Lebensmitteln

PFLANZLICHE NAHRUNGSMITTEL		TIERISCHE NAHRUNGSMITTEL	
Sesamsamen	*1100–1500 mg*	*Milch*	*115–200 mg*
Mandeln	*245 mg*	*Rindfleisch*	*16 mg*
Petersilie	*240 mg*	*Eier*	*14 mg*
Haselnüsse	*209 mg*	*Huhn*	*14 mg*
Zwiebeln	*136 mg*	*Schweinefleisch*	*11 mg*
Sonnenblumenkerne	*126 mg*	*Thunfisch*	*10 mg*
Brokkoli	*123 mg*		
Spinat	*101 mg*		

Magnesium: Empfehlenswerte Tagesmenge: Ca. 400 mg für Nicht-Sportler, ca. 500 mg für Ausdauersportler, 1000 mg unter Extrembedingungen (Stress, hohe Trainingsumfänge im Sport). Haben Sie schon einmal Zuckerrübensirup aufs Butterbrot gestrichen? Probieren Sie es aus und profitieren Sie vom außergewöhnlich hohen Anteil an Magnesium und Eisen. Kombiniert mit Vitamin C aus frischen Früchten, tun Sie Ihrem Körper Gutes: 100 g Melasse enthalten

ganze 90 mg Magnesium und darüber hinaus auch noch 13 mg Eisen. Magnesium ist ein Baustein für unsere Knochen, bei der Bildung von Eiweißen beteiligt und von großer Bedeutung für die Reizleitung zwischen Nerven und Muskeln, Muskelkontraktion und Entspannung. Quellen: Sonnenblumenkerne, Mandeln, Naturreis, Haferflocken, Bananen. Mineralwasser mit über 100 mg Magnesium. Wenn bei einer täglichen Flüssigkeitsaufnahme von 3 Litern 1,5 l aus magnesiumreichem Mineralwasser bestehen, leisten Sie einen hervorragend Beitrag zur Magnesiumversorgung.

Besonders empfehlenswert sind Mineralwässer mit einem hohen Gehalt an Kalzium (> 200 mg/Liter) und Magnesium (> 100 mg/Liter). Ideal zur Vorbeugung von Mineralstoffdefiziten ist ein Kalzium-Magnesium-Verhältnis von 2:1. Kalzium und Magnesium aus Mineralwassern sollen wissenschaftlichen Studien zufolge besonders gut vom Körper aufgenommen werden.

Tipp: Wenn Sie morgens ein Müsli aus Sojamilch, Haferflocken, frischem Obst (Bananen) und Nüssen zu sich nehmen, starten Sie mit Magnesium, aber auch mit Kalium gut versorgt in den Tag. Kombinieren Sie dazu eventuell das stark eisenhaltige Inkakorn Amaranth (erhältlich auch als Müsli). Bei besonders hohen sportlichen Belastungen können Sie auf Magnesiumpräparate aus der Apotheke zurückgreifen. Ich habe nur bei harten Waden und verkrampfter Oberschenkelmuskulatur nach einem besonders anstrengenden Wettkampf oder erschöpfendem Training Magnesium in Pulverform gezielt substituiert.

Magnesium in verschiedenen Lebensmitteln

ANGABEN PRO PORTION IN MG

Hefeflocken, 20 g	*23 mg*	*Vollkornbrot, 100 g*	*92 mg*
Nüsse, 30 g	*50 mg*	*Quinoa, 50 g*	*120 mg*
Haferflocken, 50 g	*70 mg*	*Sojaflocken, 50 g*	*125 mg*
Weizenkeime, 30 g	*75 mg*	*Sonnenblumenkerne, 30 g*	*126 mg*
Hirse, 50 g	*85 mg*	*Amaranth, 50 g*	*155 mg*

Für die Muskeltätigkeit und den Wasserhaushalt ist **Kalium** als enger Partner von Natrium von Bedeutung. Zwei Gramm sollte Ihre tägliche Kaliumdosis betragen, die Sie beispielsweise aus dem Verzehr von weißen Bohnen (Spitzenreiter mit 1300 mg/100g Lebensmittel), Pistazienkernen (1020 mg), Erbsen (930 mg), getrockneten Weizenkeimen, Linsen (810 mg), Trockenobst, Nüssen (550–830 mg), Avocados, Pilzen, Pellkartoffeln, aber auch aus einer Banane (390 mg) beziehen. Achtung: Kalium wird durch Kochen schnell ausgewaschen. Dünsten Sie Gemüse lieber in etwas Öl und/oder wenig Wasser und benutzen Sie das mineralstoffreiche Kochwasser als Soßengrundlage.

Die Hauptaufgabe von **Eisen** ist der Sauerstofftransport im Blut. Hier ist das Eisen an den roten Blutfarbstoff Hämoglobin gebunden, das den Sauerstoff zu Muskeln und Geweben transportiert. Männer benötigen etwa 8 mg/Tag, Frauen rund 18 mg. Um Eisenmangel vorzubeugen, wird gerade Sportlern geraten, sich niemals ausschließlich von pflanzlicher Kost zu ernähren, da deren Eisen vom Körper schlechter aufgenommen wird. Doch Studien haben mittlerweile bestätigt, dass auch pflanzliches Eisen den Bedarf eines körperlich aktiven Menschen gut decken kann. Zahlreiche Gemüsesorten enthalten die 14-fache Eisenmenge eines Stücks Rindfleisch und versorgen den Körper gleichzeitig mit Vitamin C, das bei der Aufnahme von Eisen behilflich ist und sie erheblich erhöht. Auch wer auf Eier und Milch verzichtet, braucht sich bei ausgewogener, vollwertiger pflanzlicher Kost und dem Konsum von Sojaprodukten, Edelhefeflocken, Nüssen und Getreide (z.B. Amaranth) sowie gleichzeitiger Zufuhr von Vitamin C-haltigem Obst (z.B. Kiwis, Grapefruit, Sanddorn, schwarze Johannisbeere) keine Sorgen um seinen Eisenspiegel zu machen: Ein übermäßiger Konsum von Milchprodukten – Milch enthält sehr wenig Eisen und Vitamin C – kann Eisenmangel hingegen durchaus mit verursachen. Milch, Kaffee oder Tee blockieren die Eisenaufnahme und sollten daher nicht zeitgleich mit eisenhaltiger Nahrung getrunken werden.

Eisengehalt in verschiedenen Lebensmitteln (in mg pro 100g)

PFLANZLICHE NAHRUNGSMITTEL		TIERISCHE NAHRUNGSMITTEL	
Meeresalgen	*100–150 mg*	*Leber*	*115–200 mg*
Kürbiskerne	*11,2 mg*	*Rinderfilet*	*16 mg*
Sesamsamen	*10,5 mg*	*Ei*	*14 mg*
Mais	*8,8 mg*	*Huhn*	*14 mg*
Sonnenblumenkerne	*7,1 mg*	*Thunfisch*	*10 mg*
Nüsse	*3,3–4,3 mg*	*Lachs*	*1,2 mg*
Feigen	*3,5 mg*	*Milch*	*0,1 mg*
Grüne Bohnen	*3,3 mg*		

Über unsere Versorgung mit **Natriumchlorid** (Kochsalz) müssen wir uns keine Gedanken machen. Oft wird vor einem zu hohen Salzkonsum gewarnt – ich halte das jedoch in den meisten Fällen für übertrieben, da überschüssiges Salz – sollte es sich nicht gerade um Kilos davon handeln – auf natürlichem Wege wieder ausgeschieden wird. Der Natriumbedarf hängt bei Sportlern eng mit dem Schweißverlust zusammen und kann unter Extrembedingungen auf 10 Gramm/Tag ansteigen. Für Nichtsportler ist eine Menge von 1–2 g ausreichend.

Jod wird zur Produktion der Schilddrüsenhormone, zum Aufbau der Muskulatur und für den Kohlenhydrat- und Fettstoffwechsel benötigt. Bei einer durchschnittlichen sportlichen Aktivität verlieren wir mit jedem Liter Schweiß 10-30 % Jod. Der tägliche Bedarf von 200 ug muss dem Körper mit der Nahrung zugeführt werden. Jodquellen sind Meeresalgen, Fisch, Muscheln, Milch- und Milchprodukte. Sinnvoll ist auch der Einsatz von Meersalz mit Algen oder speziellem Jodsalz.

Pumperlgesund mit Enzymgetränken

„Widerstandskraft und Dauerhaftigkeit des Körpergebäudes hängen von der Wahl der Nahrungsmittel ab, die wir essen, den Flüssigkeiten, die wir trinken, der Luft, die wir atmen“, urteilte der amerikanische Arzt Dr. Jarvis (1881–1945) und verwies insbesondere auf die Bedeutung der Mineralstoffe. Der im Bundesstaat Vermont praktizierende Arzt beschäftigte sich intensiv mit überlieferter Volksmedizin und gilt als Wiederentdecker der Heilwirkung des mineralstoffreichen Apfelessigs.

Nahezu alle Inhaltsstoffe des Apfels sind auch im naturtrüben Apfelessig zu finden. Er enthält unter anderem die Vitamine C, E, A, B1, B2, B6 und P (ein Flavonoid, das auch Rutin genannt wird), 20 Mineralstoffe und Spurenelemente, Milch- und Zitronensäure, Enzyme und Aminosäuren sowie wertvolle Ballaststoffe (Pottasche und Pektin). Das im Apfelessig enthaltene Beta-Carotin gilt als eines der wirkungsvollsten Antioxidantien und ist im Apfelessig, wissenschaftlichen Untersuchungen zufolge, leichter verdaulich als in anderen Nahrungsmitteln. Apfelessig wirkt darüber hinaus antiseptisch: Die Essigsäure inaktiviert zahlreiche Arten von Bakterien und Viren. Spezielle Bakterien, die im Essig selbst enthalten sind, wirken hingegen antibiotisch und töten Krankheitserreger ab. Auch wenn es bislang noch keine medizinischen Reihenuntersuchungen über die Wirkung von Apfelessig gibt, sollten Sie einen „Selbstversuch“ mit dem von Jarvis empfohlenen Apfelessig-Honig-Getränk wagen. Für

Auch Kombucha und Wasserkefir sind bekannte Enzymgetränke. Dem Kombuchapilz werden viele Heilwirkungen zugesprochen, der mit ihm vergorene Tee galt schon vor über 2000 Jahren in China als Gesundheitselixier. Wasserkefir wird aus Wasser, Zucker, Trokkenfrüchten und Wasserkefirkristallen – einer Symbiose aus Säurebakterien und Hefepilzen – hergestellt.

die „allgemeine Gesundheit" und „ein langes Leben" trank er täglich zwei Teelöffel Apfelessig in einem Glas Wasser verrührt und fügte einen bis zwei Teelöffel Honig hinzu, dessen keimtötende Wirkung bekannt ist.

Wie der Apfelessig gelten auch Sauerkraut und Sauerkrautsaft als Volksheilmittel. Die Gärprodukte Honigwein (Met) und Sauerkrautsaft dürften die ältesten Enzymgetränke der Welt sein. Enzyme (auch Fermente genannt) sind komplexe Eiweißverbindungen, die zahlreiche Stoffwechselvorgänge steuern. Obwohl der Körper Enzyme zu einem großen Teil selbst herstellen kann, ist er auch von Enzymen aus Nahrungsmitteln abhängig.

Sauerkraut ist „Powerkraut": Das in milchsauer vergorenem Kraut und Saft in beachtlicher Menge enthaltene Vitamin C, die Vitamine der B-Gruppe, Natrium, Kalium, Kalzium und Magnesium können vom Körper leicht aufgenommen werden. Der mild-saure Geschmack des Sauerkrautsaftes – im Supermarkt oder Drogeriemärkten in Flaschen erhältlich – hat schon viele Kraut-Abstinenzler auf den Geschmack gebracht und ist ein prima Trunk „für zwischendurch".

Das Milchsäure-Gärungserzeugnis des Bäckermeisters Wilhelm Kanne ist mittlerweile weltweit bekannt. Kanne, Erfinder und Hersteller von Brottrunk und Fermentgetreide, vergleicht sein Produkt gern mit Sauerkraut und Sauerkrautsaft. Der Brottrunk wird aus biologisch angebautem Getreide gewonnen, das zu Vollkornbrot verarbeitet wird. Im nachfolgenden Gärungsprozess bildet sich natürliche Brot- und Milchsäure, die unter anderem das Gewebe entschlackt, blutreinigend wirkt und den Stoffwechsel aktiviert. Der Trunk sowie das gleichnamige Pulver (Fermentgetreide, das sich u.a. auch hervorragend zum Andikken von Soßen eignet) enthalten zahlreiche Mineralstoffe, Spurenelemente und Vitamine, die den Sauerstoffpartialdruck des Blutes erhöhen und die Zellerneuerung fördern. Für Sauerkrautsaft und Brottrunk gilt: Auch wenn der erste Schluck der Zunge wenig schmeichelt – für die meisten Freunde der milchsauren Getränke war es Liebe auf den zweiten Trunk.

Bitte Ballast aufnehmen!

Ihre faserähnliche Struktur verleiht Ballaststoffen die nötige Kraft zur Stabilisation der Pflanzen. Sie sind hochmolekulare Kohlenhydrate, die als Zellulose, Hemizellulose, Lignin und Pektin in Lebensmitteln wie Vollkorngetreide, Gemüse, Obst und Kartoffeln vorhanden sind und zwingen uns zu verstärkter Kauarbeit. Keinem Verdauungsenzym unseres Organismus gelingt es, Ballaststoffen im Darm den Garaus zu machen. Doch die Darmflora freut sich über ballaststoffreiche und vorwiegend pflanzliche Kost, denn die Mikroorganismen benötigen zur Stimulierung des Immunsystems Energie. Ein hoher Ballaststoffanteil in der täglichen Nahrung sorgt auch dafür, dass krebserregende Stoffe im Darm gebunden werden und den Organismus, ohne Schaden anzurichten, schnell wieder verlassen. Darüber hinaus reduzieren Ballaststoffe – insbesondere das Pektin – auch den Cholesteringehalt im Blut, indem sie einen Teil der Gallensäuren im Darm resorbiert und ausleitet.

Ballaststoffgehalt in Lebensmitteln (in g pro 100g)

Weiße Bohnen	*7 g*	*Erdbeeren*	*2 g*
Linsen	*4 g*	*Vollkornhaferflocken*	*7 g*
Erbsen	*4 g*	*Äpfel*	*2 g*
Himbeeren	*7 g*	*Knäckebrot*	*15 g*
Vollkornbrot	*7 g*		
Müsli	*12 g*		
Weizen, geschrotet	*9 g*		

Heike Drechsler,
Leichtathletin

Lauch unter Joghurtsauce: Heike serviert kühle Appetithäppchen

Bei den Olympischen Spielen 2000 in Sydney machte sie das scheinbar Unglaubliche wahr: Acht Jahre nach ihrem Weitsprung-Olympiasieg von Barcelona und 17 Jahre nach ihrem ersten Weltmeistertitel als 18-jähriger Teenager in Helsinki holte sie erneut olympisches Gold im Weitsprung. Vom internationalen Leichtathletik-Verband wurde sie zur „Leichtathletin des Jahrhunderts" gewählt. Heike blickt auf eine traumhafte Karriere zurück: Zweimal olympisches Gold, vier Weltmeistertitel, zehnfache Europameisterin, Silber und Bronze zuhauf. Jetzt, nach Abschluss ihrer sportlichen Karriere, lässt sie es sich so richtig gut gehen: „Genuss ist eine Lebenseinstellung. Ich genieße mein Leben täglich, weil ich mich an sehr kleinen Dingen immer wieder erfreuen kann. Vor allem das gemeinsame Frühstück oder Abendessen mit der ganzen Familie ist für mich ein Hochgenuss. Und ab und zu mal eine gute Flasche Wein…".

Heike Drechsler zum Thema „Kochen":
„Ab und zu koche ich ganz gerne - allerdings brauche ich dafür Zeit und Ruhe. Am liebsten koche ich mit meinem Lebensgefährten Alain und meinem Sohn Toni. Durch Alain habe ich die französische Küche kennen und schätzen gelernt. So gut und vor allem so schnell wie er, kann ich in der Küche nicht hantieren. Trotz vieler Lieblingsessen macht es uns großen Spaß, auch einmal etwas Neues auszuprobieren. Kurz vor einem Wettkampf war ich früher aber wenig experimentierfreudig, fühlte mich am besten mit einer Banane oder einem Fitnessriegel. Das belastete meinen Magen nicht übermäßig, und ich konnte mich voll auf den Sport konzentrieren."

LAUCHGELEE AUF JOGHURTSOSSE

(für 4 Personen)

ZUTATEN:

1 Stange Lauch, schräg in Scheiben schneiden, waschen, abtropfen lassen
eine Stange Lauch, in Streifen schneiden, waschen, abtropfen lassen
1 Liter Weißwein
5 Blatt Gelatine, in kaltem Wasser einweichen
Salz und Pfeffer
250 g Naturjoghurt
Öl zum Frittieren

ZUBEREITUNG:

Den Weißwein erhitzen, mit Salz und Pfeffer würzen, den Lauch zugeben. 4–5 Minuten leicht köcheln lassen, die Gelatine ausdrücken und hinzufügen. Alles gut miteinander vermengen.
Eine Terrinenform oder Portionsringe mit Klarsichtfolie ausschlagen. Masse hineinfüllen und im Kühlschrank gut abkühlen lassen.

Joghurt mit Salz und Pfeffer würzen.

Die Lauchstreifen sorgfältig abtrocknen, gut bedeckt in heißem Fett hellbraun frittieren.
Auf einem Küchentuch abtropfen lassen und erst vor dem Servieren salzen. Auf dem Gelee anrichten.
Tipp: Statt Wein Gemüsefond verwenden.

Udo Beyer, Kugelstoßer

Der sanfte Riese und die Eisenkugeln

Offen, herzlich, ein geselliger, humorvoller Typ, der Lebensfreude ausstrahlt: Udo, der „sanfte Riese", gilt unter Fachleuten noch immer als einer der besten Kugelstoßer aller Zeiten. Beyer war und ist einer, den man mögen muss. „Dicke sind gemütlich", lautet eine Volksweisheit und sie trifft bei ihm ohne Einschränkungen zu. In einem Porträt war zu lesen, er habe „mehr Charakter im Gesicht als Katrin Krabbe, Heike Henkel und Michael Groß zusammen".

Die Karriere des 130 kg schweren und 1,96 m langen Hünen verlief einzigartig und erstreckte sich über 16 Jahre. 1976 gewann er als 20-Jähriger sensationell olympisches Gold in Montreal und düpierte Konkurrenten wie Weltrekordler Baryschnikow (UdSSR), den Briten Capes und die US-Amerikaner Feuerbach und Shmock. Beyer, der dreimalige Weltrekordler, hat vier Olympische Spiele erlebt – die Spiele in Los Angeles, bei denen sein zweites Gold für ihn geradezu reserviert schien, blieben ihm 1984 „aufgrund der politischen Großwetterlage" verwehrt, erinnert er sich mit etwas Wehmut.

Nach Seoul 1988 (Olympia-Vierter) beendete Beyer seine Laufbahn, doch mit der Wende startete er ein Comeback, zu dem ihn Frau Rosi angestachelt hatte. „Ich wollte die Jungen noch mal kitzeln und fühlte mich dafür stark genug. Es klingt vielleicht ein bisschen pathetisch und sentimental, aber ich liebe das Kugelstoßen." Mit den Olympischen Spielen 1992 in Barcelona nahm er Abschied von den Sportarenen und ist heute stolzer Besitzer des Reisebüros „Udo Beyer" in Potsdam. Sein Ehrgeiz ist geblieben und zwar, „Freude zu bereiten und auch mal eine Buchung abzuschließen, die bei der Konkurrenz nicht geklappt hätte."

Übrigens war Udo nicht der einzige Olympiateilnehmer in seiner Familie: Nachdem er 1976 mit seinen Geschwistern Hans-Georg und Gisela den Plan gefasst hatte, vier Jahre später gemeinsam an den Olympischen Spielen in Moskau teilzunehmen, setzte das Trio dieses Vorhaben in die Tat um. Zur selben Stunde, als Udo im Kugelstoß-Finale (Bronze) stand, gewann Hans-Georg mit der Handballmannschaft der DDR die Goldmedaille. Er schoss in der Verlängerung gegen die Sowjetunion sogar das entscheidende Tor. Zwei Tage später wurde Schwester Gisela Vierte im Diskuswerfen.

Udo zum Thema „Südfrüchte":
Die Europameisterschaften 1986 in Stuttgart hat Udo auch deshalb in bester Erinnerung, weil er dort paradiesisch verpflegt wurde. „Ich habe da zum ersten Mal Kiwis gesehen und mich immer enorm geärgert, wenn die sowjetischen Sportler vor mir am Büffet waren und alle Kiwis weg waren. Ich war richtig stinkig, weil ich sie selber gerne aufgegessen hätte. Das ist so nachhaltig in meiner Erinnerung geblieben, weil es für mich traumhaft exotische Früchte waren. Vor Wettkämpfen habe ich übrigens 5–6 Stunden nichts gegessen. Ich habe mir immer gesagt, dass ein voller Magen vom Wettkampf abhält".

MUTTERS KARTOFFELSUPPE
(für 6 Personen)

ZUTATEN:

1 kg festkochende Kartoffeln
eine halbe Zwiebel
6 Möhren
eine halbe Knolle Sellerie
eine Stange Lauch
ein Bund Petersilie
Liebstöckel
2 Esslöffel gekörnte Brühe
150 g Speck
4 geräucherte Wienerle
Petersilie

ZUBEREITUNG:

2,5 l Wasser zum Kochen bringen. Kartoffeln, Möhren, Lauch, Sellerie und Zwiebel schälen, würfeln. Ins kochende Wasser geben und 15 Minuten kochen.

Speck in der Pfanne anbraten. Gewürfelte Wienerle mit dem Speck leicht anbraten. Beides in den Topf mit der Suppe geben. Gehackte Petersilie und etwas Liebstöckel hinzufügen.

Essen im Büro – Lösungsvorschläge für eines der größten Probleme der Menschheit

Essen im Büro ist ein Zeitproblem und guter Rat teuer. Wenn erst das alltägliche Chaos ausgebrochen ist und Kollegen drängelnd auf Ihren schnellen Beitrag zum Gesamtprodukt warten, kann Ihr Magen noch so knurren – Arbeit geht mal wieder vor. Eigentlich hatten Sie heute Mittag ja Salat in der Kantine essen wollen und einen kleinen Spaziergang um die Firma geplant. Vielleicht klappt's mit dem Jogging nach Feierabend? Denkste! Plötzlich ist da dieses unheimlich wichtige Dingens zu erledigen. Sofort und ohne Widerrede. Aus der Traum vom perfekt geplanten Tag. Auch die Schnittchen mit Majo mussten Sie essen. Verweigerung unmöglich – Frau Tiefenthal hätte Ihnen das an ihrem Jubiläum ausgesprochen übel genommen. Fehlen noch die Donauwellen vom Hobby-Zuckerbäcker aus dem Zimmer nebenan. „Probier mal... gestern selbst gemacht – hab Dir auch ein schönes Tässchen Kaffee mitgebracht!" Ein Frusttag wie dieser endet in der Kneipe. Kühlschrank leer, dann der rettende Anruf von Kalle und Beate. Das Bierchen haben wir uns verdient. Morgen wird alles anders. Garantiert!

Kommt Ihnen das bekannt vor? Lassen Sie uns kurz synchron seufzen, denn auch meine gut durchdachten Tagespläne lösen sich in schöner Regelmäßigkeit

in Luft auf. Wenn Ihr Alltag sich wieder einmal abenteuerlich anders – und vor allem fremdbestimmt – gestaltet, bleiben Sie gelassen. Reagieren Sie flexibel und halten Sie nicht an Ihrem alten Plan fest. Auch wenn Sie gerade essen wollten – warten Sie auf einen ruhigen Moment und futtern Sie nicht unter Zeitdruck und widrigen Umständen: Hastig verschlungene Mahlzeiten verstärken psychische Anspannung noch mehr. Außerdem werden Sie im Sinne des Wortes sauer, denn auf Stress reagiert der „Aktivitäts-Nerv" Sympathikus mit verstärkter Stoffwechseltätigkeit, und das lässt den Säurepegel erheblich ansteigen. Hände weg von Koffein – das verstärkt den Effekt nur noch mehr. Jetzt ist es höchste Zeit für eine kleine Phase der Entspannung! Cool down – atmen Sie tief durch und trinken Sie langsam ein großes Glas klares Wasser. Es löscht Ihr inneres Feuer und kühlt die Emotionen.

Haben Sie etwas Zeit, ziehen Sie sich bewusst an ein ruhiges Plätzchen fernab von Computer, Telefon und Arbeitskollegen zurück. Vielleicht können Sie eine Viertelstunde spazieren gehen und dabei total abschalten? Am besten in Begleitung einer großen Flasche Wasser, einem Apfel, einer knallroten Paprika oder einer netten Banane. Damit wecken Sie die Lebensgeister nachhaltiger als mit einer hastig geschlürften Tasse Tee oder Kaffee. Wasser ist immer erste Wahl, wenn Sie Körper und Geist funktionstüchtig halten wollen und sich einen wachen Kopf wünschen. „Alle Abläufe im Körper werden durch Wasser überhaupt erst möglich gemacht; deshalb ist eine ausreichende Versorgung mit Wasser unverzichtbar. Gezielte Verteilung von Wasser ist der einzige Weg, um sicherzustellen, dass nicht nur genügend Wasser, sondern auch die darin transportierten Substanzen, Hormone, chemische Botenstoffe und Nährstoffe die lebenswichtigen Organe erreichen", warnt der Arzt und Wissenschaftler Dr. Batmanghelidj vor einer folgenschweren Austrocknung des Korpers. Unser Gehirn soll übrigens zu 85 % aus Wasser bestehen...

Tipps fürs Überleben im Büro

Richten Sie sich eine „Rettungsschublade" oder eine „Erste-Hilfe-Ecke" in einem Büroschrank ein: Sie können dort einen guten Gemüsesaft, Dinkelkekse (am besten ungesüßt), Schwedenbrödli aus Vollkorn, Trockenfrüchte, Nüsse oder eine Studentenfutter-Mischung lagern, aber auch geröstete Sojakerne und hochwertige Fruchtriegel (z.B. von Lubs, Rapunzel oder Allos) aufbewahren. Die große Vielfalt ist wichtig, denn Geschmackswünsche ändern sich nicht nur mit den Tageszeiten, sondern auch mit diversen Gemütszuständen. Da kann ein äußerlich unattraktiver, leicht gesalzener Dinkelkeks plötzlich wie Geburtstagstorte schmecken. Warnung: Ich weiß, dass wir alle bei akutem Hunger zum Schlingen neigen. Gerade in Stresszeiten empfiehlt es sich, langsam kauend zu genießen, um den sensiblen Magen nicht zu verärgern.

Das Kantinenessen ist ungenießbar? Restaurants mit gesunden und preisgünstigen Mittagsmenüs gibt es in Ihrer Nähe nicht? Dann nehmen Sie doch eine kleine, selbst zubereitete Mahlzeit mit an den Arbeitsplatz. Das ist weniger aufwändig, als Sie denken! Meist reicht die Zeit, um morgens, bevor Sie aus dem Haus gehen, noch ein saftiges, vitaminreiches Vollkornbrötchen zu basteln (z.B. mit Avocado, Tomaten und Alfalfasprossen), das die faden „käuflichen" um Längen schlägt.

Brotaufstriche im Glas auf Basis von vermahlenen Sonnenblumenkernen sind perfekte Transportobjekte für die Tasche. Zwei Vollkornbrötchen pur – auf dem Weg zur Arbeit beim Bäcker um die Ecke erworben – warten auf den leckeren Anstrich. Dazu schmeckt ein Gemüsesaft. Als Nachtisch gibt es Ihr Lieblingsobst.

Jeder Gemeinschaftsraum hat mittlerweile einen Kühlschrank. Deponieren Sie dort doch ein paar Tofu-Varianten (z.B. leckere Tofu-Terrinen oder Tofustücke in verschiedenen Geschmacksrichtungen), die Sie dann kalt zu Vollkornbrot essen können. Zusammen mit etwas Obst der Saison haben Sie schnell eine leicht verdauliche, gesunde Mahlzeit mit viel hochwertigem Eiweiß.

Schränken Sie Ihren Kaffee- oder Schwarzteekonsum ein. Viele gestresste Zeitgenossen hangeln sich von einer Tasse zur anderen. Trinken Sie Wasser, reines Wasser, und geben Sie Ihrem Körper, was er am notwendigsten braucht.

Gegen Stress ist ein Kraut gewachsen

Johanniskraut gilt als pflanzliche Stressbremse. Wer ohne ausreichende Erholungspausen arbeitet und permanent unter Leistungsdruck steht, wird schnell nervös, reagiert gereizt oder leidet sogar unter Angst und depressiven Verstimmungen. Johanniskraut (z.B. als Tee aufgebrüht) wirkt stimmungsaufhellend, entspannend und fördert die Konzentrationsfähigkeit. Tipp: Johanniskraut mit Verveine (Eisenkraut) im Verhältnis 1:2 mischen und mit kochendem Wasser aufbrühen. Achtung: Heilkräutertees sollten nicht dauerhaft getrunken werden. Erkundigen Sie sich in Ihrer Apotheke nach Dosierungsempfehlungen und fragen Sie auch nach möglichen Wechselwirkungen mit anderen Substanzen.

Melisse ist eine Heilpflanze mit großem Wirkungsspektrum: Ein Tässchen Melissentee unterstützt gestresste Zeitgenossen beim Abschalten, ohne sie einzuschläfern, beruhigt nervöse Mägen und stärkt das Immunsystem bei aufkommenden Erkältungskrankheiten.

Wappnen Sie sich gegen Stress mit der Vitamin B-Gruppe: Eine ausreichende Menge des Komplexes (B1, B2, B6 und B12) optimiert den Stoffwechsel, fördert die Blutbildung und ist unentbehrlich für Ihr „Nervenkostüm". Eine schmackhafte B12-Quelle sind beispielsweise Hefeflocken. Sie würzen Salate und Soßen pikant und können auch in Gemüsesäfte gerührt werden. Vitamin-B-Wirkstoffkomplexe sind auch als Tabletten erhältlich. Einen guten Ruf als Eiweiß-, Mineralstoff- und Multivitaminquelle hat auch die blaugrüne Mikroalge Spirulina, die, wissenschaftlichen Studien zufolge, das Immunsystem stärkt und die Zellregeneration anregt.

Snack für den Arbeitsplatz

Salat mit Tofuwürfeln: Diesen Salat können Sie schnell und einfach am Abend zubereiten und zum Mitnehmen am nächsten Morgen in ein Plastikbehältnis füllen. Kochen Sie Dinkel (z.B. schnellkochenden Dinkel von „Alnatura"), Pellkartoffeln oder Dinkelnudeln und mischen Sie klein geschnittene Tomaten, Gurken und Tofuwürfel unter. Würzen Sie das Ganze mit Kräutersalz (z.B. von „Rapunzel" mit jodhaltigen Algen), Hefeflocken, Sojasauce und etwas Olivenöl. Vielleicht haben Sie auch noch frische Gartenkräuter, die Sie zum Einsatz bringen können?
Variante: Der Salat schmeckt auch prima mit den genannten Zutaten und/oder gedünstetem Gemüse der Saison (z.B. Zucchini) und Sprossen. Ihrer Fantasie sind bei der Zusammenstellung der „grünen" Zutaten keine Grenzen gesetzt.

Sven Ottke, Boxchampion und Golfer

Was den Champ schwach werden lässt: Grießpudding mit heißen Kirschen

Sven hatte nicht nur mit seinen Gegnern zu kämpfen, sondern auch mit seinem Gewicht. Bei 76,203 Kilogramm liegt das Limit seiner Gewichtsklasse im Super-Mittelgewicht. In den Wochen nach einem Kampf legte Sven jedes Mal sieben bis acht Kilo zu. Bei vier Profi-Kämpfen im Jahr hatte er aber nicht sehr viel Zeit, das „süße Leben“ zu genießen. „In vier bis fünf Wochen nahm ich die überflüssigen Kilos wieder ab“, erinnert er sich. Das bedeutete hartes Training und kontrollierte Nahrungsaufnahme: „Ich habe sehr oft Pasta und Hühnchen gegessen, das war gut verdaulich und war keine Kalorienbombe. Vor den Kämpfen hatte ich vor Nervosität keinen Hunger, aber mein Trainer hat mich immer ermahnt, etwas zu essen, um beim Kampf keinen Hungerast zu bekommen. Drei Stunden vor dem Wettkampf gab es immer Nudeln“. Jetzt wiegt er 82 kg, spielt regelmäßig Golf und genießt das Leben.

GRIESSPUDDING MIT HEISSEN KIRSCHEN

(für 4Personen)

REZEPT

ZUTATEN:

3/8 Liter Milch
eine Prise Salz
125 g Grieß
75 g Butter oder Margarine
60 g Zucker
ein Päckchen Vanillezucker
3 Eier
4 Tropfen Backöl Zitrone
ein Päckchen Puddingpulver Vanillegeschmack
3 EL kalte Milch
ein gestrichener Teelöffel Backpulver

ZUTATEN:

Die Milch mit dem Salz zum Kochen bringen und von der Kochstelle nehmen. Den Grieß unter ständigem Rühren einstreuen und quellen lassen.
Die Butter/Margarine schmelzen lassen, schaumig rühren und den Zucker nach und nach einrühren. Vanillezucker, 3 Eier und Backöl dazugeben. Alles verquirlen und unter den Grieß rühren.
Puddingpulver mit 3 EL Milch und dem Backpulver verrühren und ebenfalls unter den Grieß rühren. Abkühlen lassen und genießen!
Am liebsten esse ich dazu heiße Kirschen.

7.

FITNESS AM ARBEITSPLATZ

Dies ist eine Anleitung zum Abheben. Fit statt schlapp, heißt die Devise. Denn auch mit magerem Zeitbudget müssen Sie nicht aus der Form geraten. Mit ein paar Tricks bleiben Sie selbst im ärgsten Berufsstress schlank und fit. Und stellen fest, dass Bewegung auch den Kopf in Schwung bringt – und fröhlich macht.

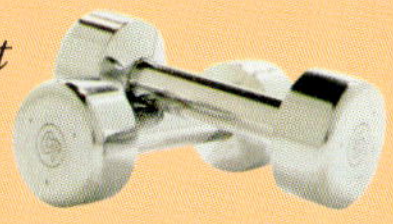

FITNESS AM ARBEITSPLATZ

Aktive Pausen sind perfekte Stresskiller!

Sie haben nicht viel Zeit, können aber einmal wöchentlich eine Stunde Mittagspause organisieren? Dann ist mein Walking- oder Lauf-Programm für Einsteiger vielleicht das Richtige für Sie: Mit drei aktiven Tagen – die zweite und dritte Trainingseinheit absolvieren Sie am Wochenende – können Sie Ihre Fitness und Ausdauer schon erheblich steigern. Außerdem werden Sie sich mit etwas körperlicher Betätigung auch insgesamt wohler in Ihrer Haut fühlen und mehr Kraft für die Herausforderungen des (Arbeits-)alltags haben.

Aufwachen und munter werden, heißt die Devise bei aktiven Pausen. Wenn Sie Ihr Büro für eine Weile verlassen, entsteht nicht nur ein wohltuender räumlicher Abstand zwischen Ihnen und Ihrer Arbeit – Sie können auch Stress und Aggressionen abbauen und neue Energie tanken. Probieren Sie mein Walking-Einsteigerprogramm oder das Einsteiger-Lauftraining einfach einmal aus, denn

Sie zögern noch, weil alles etwas umständlich erscheint? Es stimmt – nicht jeder kann nach dem Sport auch am Arbeitsplatz duschen. Kleine Notlösung: Nehmen Sie einen Waschlappen, Duschgel und ein Handtuch mit. Einmal wöchentlich ist auch Katzenwäsche am Waschbecken erlaubt.

beim Gehen oder Joggen an frischer Luft finden Sie auch als hochgradig entrückter oder extrem „aufgedrehter“ Zeitgenosse wieder zu sich selbst. Entdekken Sie, wie Sie die Bewegung von belastenden Gedanken befreit. Werfen Sie Ihren schlummernden Hochleistungsmotor an und bringen Sie Herz und Kreislauf in Schwung! Sicher haben Sie während der Arbeit einige Stunden gesessen oder ausschließlich gestanden: Beanspruchen Sie Ihre einseitig belastete und unterforderte Muskulatur und lösen Sie muskuläre Verspannungen. Beim Gehen oder Joggen werden Rumpf, Beine und Gesäß gekräftigt – das stärkt Sie für extreme oder starre Arbeitspositionen (Schreibtisch, Werkbank etc.). Mit regelmäßig in Ihren Alltag eingeschobenen Bewegungspausen wird sich nicht nur Ihre Fitness eindrucksvoll verbessern. Walken oder Laufen hilft Ihnen auch, Ihr Körpergewicht zu stabilisieren oder lästige Fettpölsterchen zu beseitigen.

Warum Ihnen Bewegung gut tut

- Walking und Jogging verbessern die Durchblutung der Muskulatur. Auch die Denkmaschine Gehirn profitiert davon. Der „klare“ Kopf ist das wundervolle Ergebnis eines kleinen Ausflugs an frischer Luft.
- Bewegung löst Verspannungen. Nach dem Sport haben sich nicht nur Ihre Muskeln gelockert. Auch das „Büro-Kampf-Programm“ ist durch eine Neuorganisation des Nervensystems (Entspannung!) abgeschaltet worden.
- Durch die Bewegung wird auch der Stoffwechsel angeregt und vermehrt Sauerstoff in die Körperzellen transportiert. Sie fühlen sich erfrischt und können mit neuer Energie ans Werk gehen.

Ihre Trainingspläne für Fitness und Wohlbefinden

Wie kommen Sie in Schwung? Am besten mit Walking oder Laufen! Die nachfolgenden Trainingspläne können und sollen nur Anregungen bieten. Ihren persönlichen Trainingsplan müssen Sie natürlich auf Ihr Zeitbudget, aber auch auf Ihr persönliches und berufliches Umfeld abstimmen. Und noch etwas: Fühlen Sie sich bitte nicht als Sklave Ihres wöchentlichen Lauf- oder Walking-Konzepts. Können Sie die Vorgaben aus privaten und beruflichen Gründen oder infolge gesundheitlicher Probleme einmal nicht einhalten, sollte Sie das weder ärgern noch bedrücken: Machen Sie einfach dort weiter, wo Sie aufgehört haben.

Um langfristig Freude am Sport zu haben, müssen Sie nicht nur physisch, sondern auch mental locker bleiben. Anflüge von übertriebenem Ehrgeiz und Unnachgiebigkeit gegenüber sich selbst sollten Sie mit Humor entlarven.

Wie im Berufsleben Termine schriftlich fixiert werden, so ist es auch hilfreich, die Trainingseinheiten als Weg zum sportlichen Ziel zu notieren. Damit räumen Sie Ihrem täglichen Training bewusst einen festen Platz in Ihrer Tagesplanung ein, und es fällt Ihnen ganz sicher nicht so leicht zu kneifen. Ich empfehle Ihnen, in einem Taschen- oder Handwerkerkalender ein Trainingstagebuch zu führen. Darin sollten Sie nicht nur die Dauer und Art des Trainings verzeichnen, sondern auch aufschreiben, wie Sie sich während dieser Trainingseinheit gefühlt haben.

Auszug aus meinem Trainingstagebuch, Saison 1993/94

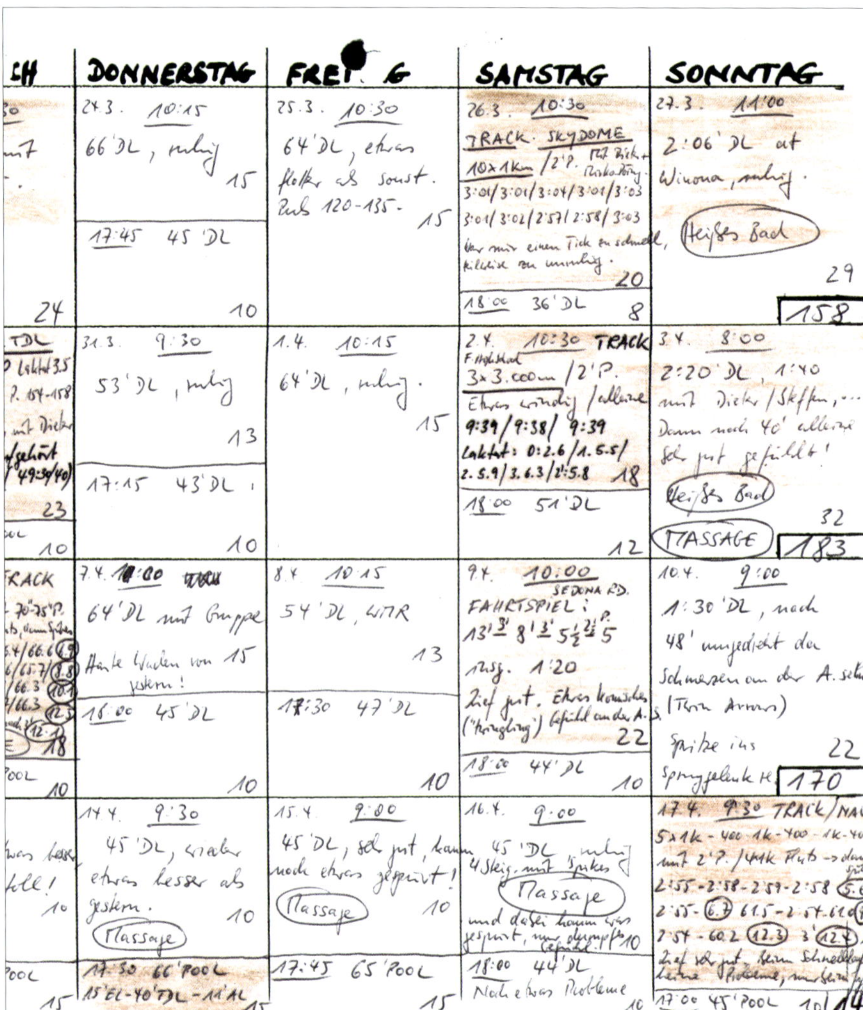

DONNERSTAG	FREITAG	SAMSTAG	SONNTAG
24.3. 10:15 66'DL, ruhig 15 / 17:45 45'DL 10	25.3. 10:30 64'DL, etwas flotter als sonst. Puls 120-135. 15	26.3. 10:30 TRACK SKYDOME 10x1km /2'P. 3:01/3:01/3:04/3:01/3:03 3:01/3:02/2:57/2:58/3:03 20 / 18:00 36'DL 8	27.3. 11:00 2:06'DL at Winona, ruhig. Heißes Bad 29 / 158
31.3. 9:30 53'DL, ruhig 13 / 17:15 43'DL 10	1.4. 10:15 64'DL, ruhig. 15	2.4. 10:30 TRACK 3x3.000m /2'P. 9:39/9:38/9:39 Laktat: 0:2.6/1.5.5/2.5.9/3.6.3/1:5.8 18 / 18:00 51'DL 12	3.4. 8:00 2:20'DL, 1:40 mit Dieter ... Dann noch 40' alleine. Sehr gut gefühlt! Heißes Bad 32 MASSAGE / 183
7.4. 10:00 64'DL mit Gruppe. Heute Waden von gestern! 15 / 16:00 45'DL 10	8.4. 10:15 54'DL, WTR 13 / 17:30 47'DL 10	9.4. 10:00 SEDONA RD. FAHRTSPIEL: 13'3' 8'1' 5½'2' 5 Insg. 1:20 22 / 18:00 44'DL 10	10.4. 9:00 1:30'DL, nach 48' ungedehnt den Schmerzen an der A. sehne (Term Arms) Spitze ins Sprunggelenk 22 / 170
14.4. 9:30 45'DL, etwas besser als gestern. 10 Massage / 17:30 66'POOL 15'EL-40'DL-11'AL 15	15.4. 9:00 45'DL, sehr gut, kaum noch etwas gespürt! 10 Massage / 17:45 65'POOL 15	16.4. 9:00 45'DL ruhig 4 Steig. mit Spikes Massage 10 / 18:00 44'DL Noch etwas Probleme 10	17.4. 9:30 TRACK/NAU 5x1k - 400 1k-400 1k-400 mit 2'P. ... / 17:00 45'POOL 10 / 146

Walken Sie sich fit – erste Schritte zum Wohlbefinden

Aufstehen – und los geht's! Allein oder in Begleitung. Um mit Walking zu beginnen, brauchen Sie nicht viel mehr als frische Luft und ein paar Laufschuhe. Wecken Sie Körper, Geist und Sinne Schritt für Schritt und tanken Sie neue Energie. Vorsicht: Gehen macht unverschämt gute Laune und setzt Bärenkräfte frei! Jetzt bekommen Sie Ihr ganz persönliches erstes Fitnessprogramm, mit dem Sie sich sorglos auf den Weg machen können und jede Menge Spaß haben. Lesen, Schuhe schnüren und loswalken.

Training – machen das nicht nur Leistungssportler? Nein, auch Sie trainieren, wenn Sie nach Lust und Laune walken! Auch wenn Sie keinerlei sportlichen Ehrgeiz haben und Wettkämpfe bestreiten wollen, wird sich Ihr Körper durch regelmäßiges Walking verändern. Er passt sich nach einiger Zeit den häufigen Ausflügen zu Fuß an, die Sie – ohne sich zu quälen – in flottem Tempo zurücklegen. Nach jeder Bewegungseinheit verarbeitet Ihr Körper das „Erlebte". Könnte er sprechen, würde er sich ungefähr so äußeren: „Bei dieser Tour ist es mir gut ergangen. Damit wir bald über Stock und Stein fliegen können, sorge ich gleich einmal dafür, dass in der unteren Etage schnell ein paar prächtige Muskeln gebildet werden!" Tatsächlich werden vermehrt Muskelfasern gebildet und Sie verbrennen mehr Zucker, der ohne ausreichende Bewegung als Fettreserve gespeichert würde. Und das ist noch nicht alles.

Klammheimlich verändert sich noch eine ganze Menge in Ihrem Organismus:

- Ihr Herz wird leistungsfähiger und lernt ökonomischer zu arbeiten.
- Das Gefäßsystem bildet mehr Kapillaren und die Blutmenge nimmt zu. Damit kann auch eine größere Sauerstoffmenge transportiert werden.
- Die Lunge arbeitet kräftiger und das Atemvolumen nimmt zu.
- An den beanspruchten Stellen im Skelett verbessert sich der Stoffwechsel.
- Das Immunsystem wird angeregt, die körpereigene Abwehr verbessert sich – das schützt Sie vor Infektionen.
- Und last but not least: Ihr Gehirn wird besser durchblutet. Das macht Sie leistungs- und konzentrationsfähiger auf allen Ebenen – und Ihre Stimmung steigt!

Was passiert im Körper

Angenommen, Sie möchten durch regelmäßiges Walking Ihr Gewicht reduzieren und stabilisieren: Haben Sie es in Eigenregie zuvor mit besonders viel Sport versucht und keine Erfolge erzielt? Kein Wunder, denn Ihre Muskulatur hat beim intensiven Training an Ihrer persönlichen Leistungsgrenze unter Sauerstoffmangel Kohlenhydrate und nicht das gewünschte Fett verbrannt. Ihr Körper hat alle Pölsterchen, die Sie gerne „auf der Strecke" gelassen hätten, ignoriert, denn zur Fettverbrennung brauchen die Muskeln ein Mindestmaß an Sauerstoff. Wenn Sie abnehmen wollen, müssen Sie im „grünen" Bereich trainieren, den Sie durch eine Herzfrequenz- oder Laktatmessung bestimmen können: Walken Sie in einem mittleren Tempo, bei dem Sie sich stets auf der sicheren „aeroben" Seite befinden. Training mit einer ausreichenden Menge Sauerstoff (griech. „aerob" = mit Luft) bedeutet das vereinfacht. Die gefährliche „rote" Zone ist erreicht, wenn Sie das Tempo so forciert haben, dass Sie nach Luft schnappen. Jetzt versorgt Ihr Organismus die auf Hochtouren arbeitenden Muskeln mit allem verfügbaren Sauerstoff. Dazu verbrennt er vorwiegend Kohlenhydrate, deren unvermeidliches Nebenprodukt Milchsäure sich schließlich in der Muskulatur staut und sie arbeitsunfähig macht. „Übersäuerung" nennt man diesen Vorgang, der den Energiestoffwechsel schließlich zum Erliegen und Sie selbst zum Stillstand bringt. Der hoch intensive Bereich – die „rote" Zone – sollte für Sie tabu sein. Wollen Sie Pfunde schmelzen lassen und Ihre Fitness verbessern, müssen Sie auf „Grün" setzen. Doch zu hartes Training hat noch weitreichendere Folgen: Bei der Laktatproduktion bildet sich auch das Zellgift Ammoniak, das aerobe Zellstrukturen massiv schädigt. Für die sinnvolle Gestaltung unserer Belastungs- und Regenerationszeiten sollten wir uns merken, dass zu hartes und zu intensives Training unsere aerobe Ausdauergrundlage verschlechtert.

So haben Sie Ihr Tempo unter Kontrolle

Bei einem (zu) intensiven Training sammelt sich als Folge der anaeroben Energiegewinnung in Blut und Gewebe übermäßig viel Milchsäure (Laktat) an. Dadurch werden zum einen die Enzyme des aeroben Stoffwechsels geschädigt, zum anderen muss sich der Körper nach einem solchen Training überproportional lange erholen. Sie sollten Ihr Tempo also bewusst kontrollieren. Wenn Sie sich noch problemlos und lautstark mit Ihren WalkingkollegInnen oder sich selbst unterhalten können, ist die Geschwindigkeit nicht zu hoch. Zur optimalen Gestaltung des Tempos ist ein Herzfrequenz-Messgerät jedoch am besten geeignet.

Optimales Ausdrauertraining nach Herzfreuquenz

Die Herzfrequenzmessung ist eine denkbar unkomplizierte Methode, um Ihre individuelle Trainingszone zu bestimmen und sie zielgerichtet einzusetzen. Die Herzfrequenzkurve steigt mit der Belastung an (linearer Verlauf), die Laktatkurve (Milchsäurewerte) hingegen verläuft exponentiell. Walken Sie mit überhöhtem Tempo in den anaeroben, „roten" Bereich hinein, steigt die Milchsäurekonzentration abrupt an. Das Diagramm mit den charakteristischen, unterschiedlichen Kurvenverläufen weist auch darauf hin, dass Sie sich beim Training im aeroben Bereich gut an der Herzfrequenz orientieren können.

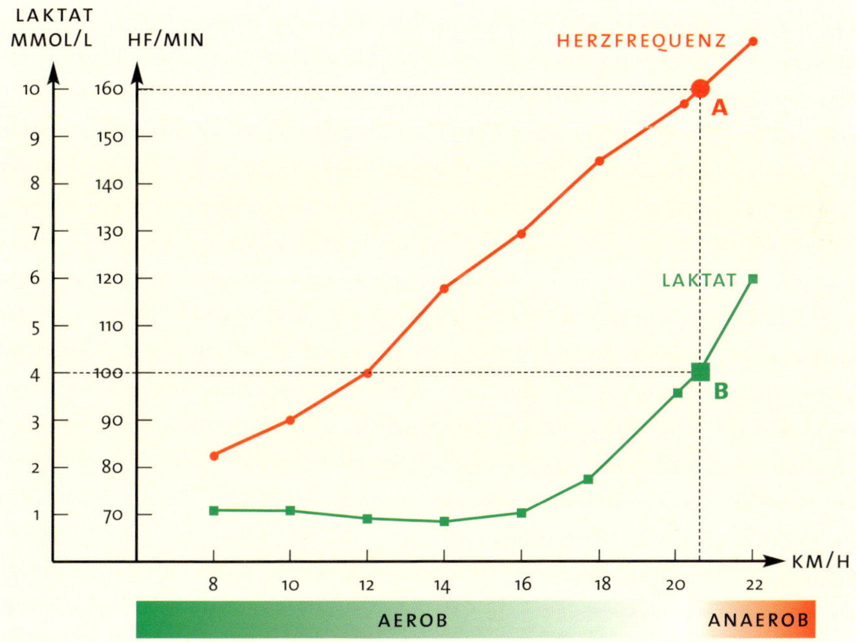

Mit ansteigender Intensität der Belastung nehmen Laktatbildung und Herzfrequenz zu. A = HF an aerob-anaerober Schwelle (AAS) B = Geschwindigkeit an der AAS

Ihr persönlicher Maximalpuls für wirksames Ausdauertraining

Nun bekommen Sie noch einen kleinen Nachschlag Mathematik: Bei 60–85 Prozent des ermittelten Maximalpulses ist ein Ausdauertraining wirksam – das heißt, es verläuft in der „grünen", aeroben Zone. In diesem Bereich bleiben Sie auch gut gelaunt und locker, denn es entsteht nur eine geringe Menge Milchsäure, die Ihre Freude an der Bewegung nicht schmälern kann.
Doch wie hoch sollte der Maximalpuls sein, wenn Sie ein gesundheitsorientiertes Training anstreben? Mit der Formel 226 – 40 (226 minus Lebensalter = der spezifische Wert für Frauen; 220 minus Lebensalter = der spezifische Wert für Männer) errechnen wir zunächst ihren Maximalpuls von rund 180 Schlägen/min. Da ein wirksames Ausdauertraining bei rund 60–85 Prozent des errechneten Maximalpulses stattfindet, ergibt sich für Sie ein Trainingsbereich zwischen 117 und 153 Schlägen/min. Ruhiges Gesundheitstraining findet demnach bei rund 60–75 Prozent ihres Maximalpulses statt, ein intensiveres Ausdauertraining zwischen 75 und 85 Prozent. Wenn Sie Ihre Werte errechnet haben, können Sie das Training nicht nur optimal, sondern auch abwechslungsreich gestalten.

Optimale Trainingspuls-Frequenzen:

- Niedrige Belastung oder ruhiges Gesundheitstraining 60–70 % der max. HF
- Mittlere Belastung oder flottes Fitnesstraining 70–80 % der max. HF
- Hohe Belastung oder Intensives Ausdauertraining 80–85 % der max. HF

Trainings-Herzfrequenzen für Frauen

Maximale HF 226 - Lebensalter = Maximalpuls

	MAXIMALPULS	TRAININGSPULSFREQUENZEN				
ALTER	100%	60%	70%	75%	80%	85%
20	206	124	144	154	165	175
25	201	121	141	151	161	171
30	196	118	137	147	157	167
35	191	115	134	143	153	162
40	186	112	130	139	149	158
45	181	104	127	136	145	154
50	176	106	123	132	141	150
55	171	103	120	128	137	145
60	166	100	116	124	133	141
65	161	97	113	121	129	137
70	156	94	109	117	125	133

Trainings-Herzfrequenzen für Männer

Maximale HF 220-Lebensalter = Maximalpuls

	MAXIMALPULS	TRAININGSPULSFREQUENZEN				
ALTER	100%	60%	70%	75%	80%	85%
20	200	120	140	150	160	170
25	195	117	136	146	156	166
30	190	114	133	143	152	161
35	185	111	129	139	148	157
40	180	108	126	135	144	153
45	175	103	122	131	140	149
50	170	102	119	128	136	144
55	165	99	115	124	132	140
60	160	96	112	120	128	136
65	155	93	108	116	124	132
70	150	90	105	113	120	127

Diesel oder Super?

Wenn Sie das Wort „Treibstoff" hören, denken Sie sicher an Motorsport. Ich benutze diesen Begriff gerne, wenn ich als Kommentator von Marathonläufen bei Eurosport die energetischen Bedürfnisse des Körpers erkläre. Jeder Autofahrer weiß es: Sein Gefährt muss mit einem bestimmten Treibstoff betankt werden, damit es Leistung bringt. Unser Körper benötigt für seine Arbeit Kohlenhydrate und Fette. Welche Energieform er während einer sportlichen Belastung braucht, hängt von deren Intensität ab. Bei kurzen und intensiven Belastungen bevorzugt er Kohlenhydrate, bei langen und langsamen werden vorwiegend Fette verbrannt. Vielleicht können Sie sich das Prozedere durch eine Zuordnung der besonderen Art merken: ***Für unseren Körper sind Kohlenhydrate Superbenzin, Fette hingegen wirken wie Dieselkraftstoff.***

Ein Formel-1-Wagen ist zwar blitzschnell, doch seine Reichweite wird durch den enormen Energieverbrauch beschränkt. Ein Diesel ist sicherlich nicht das schnellste Vehikel, aber „er läuft und läuft und läuft…"

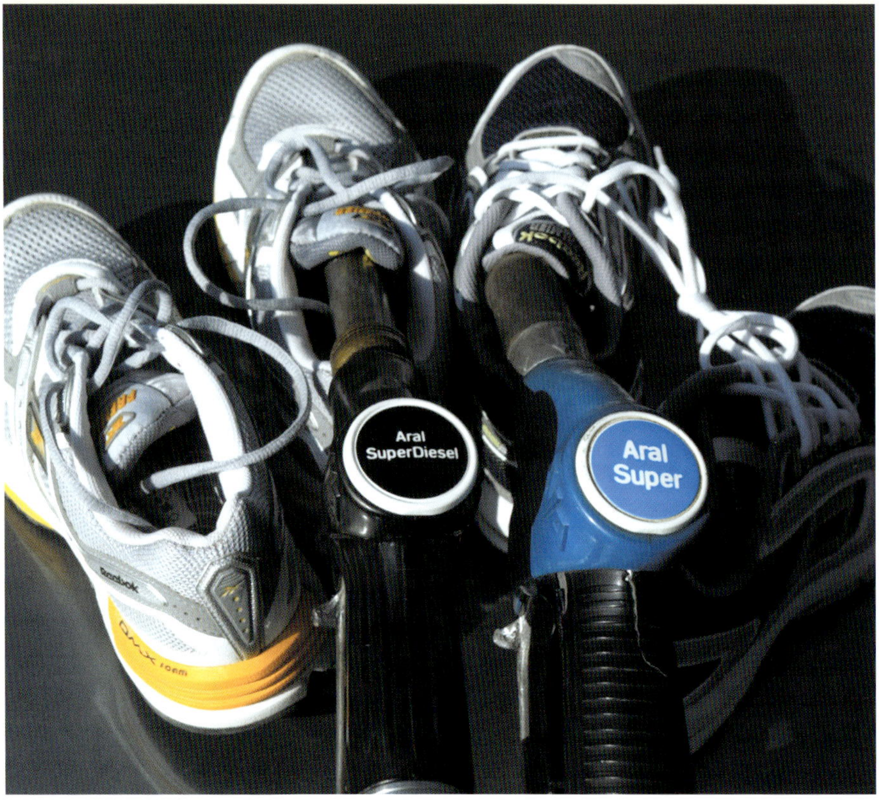

Auf einen Blick

Für Ausdauersportler sind zwei Wege der Energiebereitstellung wichtig:

Anaerob = ohne Sauerstoff – es entsteht Laktat
(Anhäufung von Milchsäure)
Aerob = mit Sauerstoff – es entsteht kein Stoffwechselendprodukt
(schneller Abbau von Milchsäure)

Welche Form der Körper wählt, hängt von der jeweiligen Belastungsintensität ab. Es gilt:

Hohe Belastungen = anaerob
Mittlere Belastung = anaerob + aerob
Niedrige Belastung = aerob

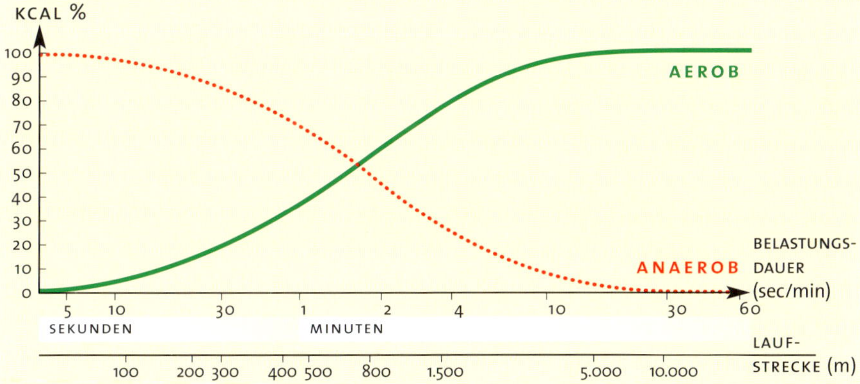

Nach Herzschlag trainieren: Wie Sie sicher auf Touren kommen

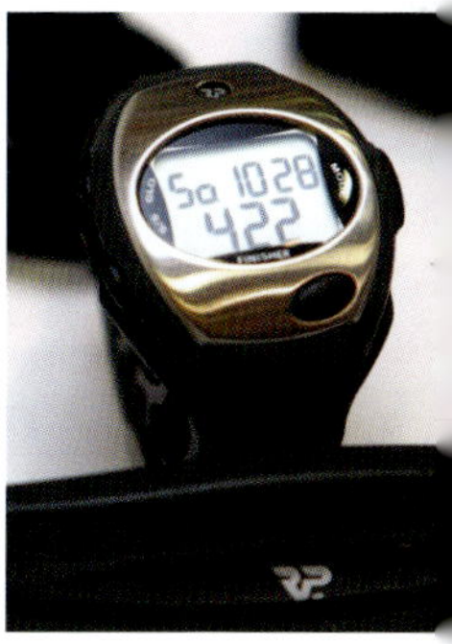

Wo liegt nun Ihre ganz persönliche Grenze zwischen intensiver und niedriger Belastung? Wie merken Sie rechtzeitig, wenn Ihr Körper vom aeroben zum anaeroben Bereich wechselt? Diese Fragen können Sie anhand Ihrer individuellen Herzfrequenz (HF) beantworten, die Sie auf einer Pulsuhr ablesen können. Pulsuhren überwachen Ihre Herzfrequenz zuverlässig und sind mit Preisen ab etwa 30 Euro eine erschwingliche und lohnende Investition.

Sicher haben Sie schon Sportler mit einem Frequenzgerät gesehen. Es besteht aus einem drahtlosen Sender in einem Gürtel, der um den Oberkörper geschlungen wird. Eine Uhr, die Sie am Handgelenk tragen, empfängt Ihre Puls-

werte. Nun müssen Sie nur noch Ihre optimalen Herzfrequenzbereiche kontrollieren, die Sie mit einer der beschriebenen Testmethoden ermitteln, und schon kann es unkompliziert und professionell losgehen! Top-Modelle unter den Pulsuhren speichern sogar das gesamte Trainingsprogramm inklusive gemessener Herzfrequenzen. Mit Hilfe einer speziellen Software können sich erfahrene Sportler die Ergebnisse nach Ablauf des Trainings auf einen Computer herunterladen und dann nach Herzenslust analysieren.

Ein blinkendes kleines Herz auf dem Display Ihrer Uhr – welche Aussagekraft hat die Herzfrequenz? Zuverlässig wie ein ärztliches EKG gibt der Puls zunächst Auskunft über Ihren Gesundheitszustand. Wenn Sie trainieren, zeigt er Ihnen die Intensität der Belastung an, in Phasen der Erholung verrät er, wie es um Ihre Regenerationsfähigkeit bestellt ist.

Sie sind nun im Besitz wichtiger und einzigartiger Daten, die Sie durch Ihr Training begleiten werden. Ihre Ruhe-, Belastungs- und Erholungsherzfrequenz unterscheidet sich von denen anderer Walker, denn Sie sind ein Individuum: Kein Zweiter hat Ihre genetischen Anlagen und Ihr spezielles Leistungsvermögen in Kombination mit den Faktoren Lebensalter und Geschlecht. Es gibt daher auch keine allgemein gültigen Frequenzbereiche, die für die Entwicklung einer bestimmten Ausdauerfähigkeit vorgegeben werden könnten.

Ein paar Anmerkungen zu den Trainingsplänen:

· Meine Angaben beziehen sich immer auf Minuten und nicht auf Kilometer, da es meiner Meinung nach zu umständlich ist, in Eigenregie zunächst eine Strecke exakt abzumessen.

· Die HF-Angaben sind als Richtwert gedacht. Rechnen Sie immer mit plus-minus 3–4 Herzfrequenz-Schlägen.

· Wenn Sie 15 Minuten nicht am Stück walken können, dann machen Sie nach 5 Minuten eine kleine Pause von 2–3 Minuten und walken dann wieder 5 Minuten. Versuchen Sie aber, eine Gesamtzeit von 15 Minuten walkend zu erreichen.

· Den Mittwoch können Sie durch Dienstag oder Donnerstag austauschen

· Walken Sie langsam los. Sie müssen nicht sofort die Ziel-HF erreichen. Es ist ausreichend, wenn Sie nach 5 Minuten in die Nähe dieser Zone gelangen.

Ihr Walking-Trainingsplan: 4 Wochen zum „Hineinschnuppern“

Sie wollen sich regelmäßig bewegen und Ihre Fitness verbessern? Dann ist mein „Schnupperprogramm“ der richtige Einstieg für Sie. Walken Sie auf Park- oder Waldwegen und – wenn möglich – nicht auf Asphaltstrecken. Mehr als ein Training pro Woche steigert die Effektivität der Einheiten. Ihre Herzfrequenz sollte bei 60–70 % des Maximalpulses liegen. Ihr Tempo können Sie auch kontrollieren, wenn Sie während des Trainings darauf achten, dass Sie sich jederzeit locker mit sich selbst oder einem Partner unterhalten können.

WOCHE	MONTAG	DIENSTAG	MITTWOCH	DONNERSTAG	FREITAG	SAMSTAG	SONNTAG
1	Ruhetag	Ruhetag	15 Minuten ruhiges Walken bei 60 % der max. HF	Ruhetag	Ruhetag	15 Minuten ruhiges Walken bei 60 % der max. HF	15 Minuten ruhiges Walken bei 60 % der max. HF
2	Ruhetag	Ruhetag	20 Minuten ruhiges Walken bei 60 % der max. HF	Ruhetag	Ruhetag	20 Minuten ruhiges Walken bei 60 % der max. HF	20 Minuten ruhiges Walken bei 60 % der max. HF
3	Ruhetag	Ruhetag	25 Minuten ruhiges Walken bei 60 –65 % der max. HF	Ruhetag	Ruhetag	25 Minuten flottes Walken bei 70 % der max. HF	25 Minuten ruhiges Walken bei 60–65 % der max. HF
4	Ruhetag	Ruhetag	30 Minuten ruhiges Walken bei 60–65 % der max. HF	Ruhetag	Ruhetag	30 Minuten flottes Walken bei 70 % der max. HF	30 Minuten ruhiges Walken bei 60–65 % der max. HF

Sie können nach diesen 4 Wochen weitere 4 Wochen anhängen. Addieren Sie dann einfach je Woche 5 Minuten zu Ihrer Walkingzeit (in der 5. Woche z.B. 35 Minuten). Die Angaben für die HF bleiben wie in der 4. Woche.

Ihr Lauf-Trainingsplan

Dieser Trainingsplan umfasst acht Wochen und ist für Lauf-Anfänger konzipiert. Auch wenn Sie motiviert sind, sollten Sie sich nicht unter Druck setzen. Steigern Sie nicht die Laufgeschwindigkeit, sondern die Streckenlänge der Laufeinheiten. Erweitern Sie die Distanzen langsam und laufen Sie regelmäßig. Am besten mindestens drei Mal pro Woche in regelmäßigen Abständen: z.B. MI/SA/SO oder DI/DO/SO oder SA/SO/DI/DO
Wie schnell sollten Sie laufen? Als Grundregel halten wir noch einmal fest: Das Tempo sollte so gewählt sein, dass Sie sich ohne Probleme mit Ihrem Laufpartner (oder mit sich selbst) unterhalten können.

WOCHE	MONTAG	DIENSTAG	MITTWOCH	DONNERSTAG	FREITAG	SAMSTAG	SONNTAG
1	Ruhetag	Ruhetag	8 x 2 min, 1 min Gehpause	Ruhetag	Ruhetag	8 x 2 min, 1 min Gehpause	8 x 2 min, 1 min Gehpause
2	Ruhetag	Ruhetag	6 x 3 min, 1 min Gehpause	Ruhetag	Ruhetag	6 x 3 min, 1 min Gehpause	6 x 3 min, 1 min Gehpause
3	Ruhetag	Ruhetag	4 x 5 min, 1 min Gehpause	Ruhetag	Ruhetag	4 x 5 min, 1 min Gehpause	4 x 5 min, 1 min Gehpause
4	Ruhetag	Ruhetag	4 x 6 min, 1 min Gehpause	Ruhetag	Ruhetag	4 x 6 min, 1 min Gehpause	4 x 6 min, 1 min Gehpause
5	Ruhetag	Ruhetag	4 x 7 min, 1 min Gehpause	Ruhetag	Ruhetag	4 x 7 min, 1 min Gehpause	4 x 7 min, 1 min Gehpause
6	Ruhetag	Ruhetag	3 x 10 min, 2 min Gehpause	Ruhetag	Ruhetag	3 x 10 min, 2 min Gehpause	3 x 10 min, 2 min Gehpause
7	Ruhetag	Ruhetag	2 x 15 min, 2 min Gehpause	Ruhetag	Ruhetag	2 x 15 min, 2 min Gehpause	2 x 15 min, 2 min Gehpause
8	Ruhetag	Ruhetag	1x 30 min	Ruhetag	Ruhetag	1x 30 min	1x 30 min

Sie haben keine Zeit, in der Arbeitspause zu walken oder zu laufen? Dann ist mein Dehn- und Entspannungsprogramm das Richtige für Sie. Die Übungen auf den nachfolgenden Seiten können Sie problemlos in zehn Minuten durchführen – und dann gestärkt weiterarbeiten.

Relaxen im Büro

Keine Zeit, draußen frische Luft zu schnappen? Dann machen Sie Ihr Büro zum Mini-Fitnessstudio! Unsere Übungen sind für all jene unter Ihnen gedacht, die beruflich unter Strom stehen. Gönnen Sie sich eine kleine, aktive Pause und steuern Sie danach wieder entspannt volle Kraft voraus.

Das 10 Minuten-Relax-Programm

1 Strecken Sie die Arme nach oben und lehnen Sie sich nach hinten. Spüren Sie, wie ihre Rückenmuskulatur gedehnt wird.

2 Neigen Sie sich nach vorne, lassen Sie den Kopf locker hängen und berühren Sie mit den Handflächen ihre Füße.

3 Legen sie die Hände mit gestreckten Arme auf den Schreibtisch. Machen Sie einen „langen" Rücken.

4 Beginnen Sie in aufrechter und lockerer Haltung die Schultern langsam kreisen zu lassen

5 Legen Sie eine Hand an die Hüfte. Neigen Sie sich mit gestreckten Armen seitwärts über den Kopf. Hüfte nicht nach vorne abknicken.

6 Berühren Sie mit Händen und Hinterkopf eine Wand. Drücken Sie Ihren Hinterkopf an die Wand, 10 sek. halten, dann wieder entspannen.

7 Stützen Sie die Hände auf die Lehne eines Stuhls. Heben und senken Sie Ihre Fersen abwechselnd und aktivieren Sie die Durchblutung der Beine. Auch „Venenpumpe“ genannt.

8 Gehen Sie in die Kniebeuge. Fassen Sie mit beiden Händen unter die Tischkante und halten Sie die Position ca. 10 Sekunden. Wie beim Skifahren, aber achten Sie auf einen geraden Rücken.

9 Heben Sie die Arme seitlich nach oben und atmen dabei tief bis in den Bauch ein. Kurz halten und mit dem Ausatmen die Arme langsam wiede absenken.
Die Übung mehrmals wiederholen: macht munter und entspannt.

10 Strecken Sie die Arme nach hinten. Fassen Sie mit der linken die rechte Hand. Neigen Sie sich nach vorne und dehnen Sie den Rücken sanft.

11 Richten Sie den Oberkörper wieder auf. Neigen Sie ihn leicht zu jeder Seite und richten Sie sich wieder auf.
Achten Sie darauf, dass Sie mit dem Oberkörper nicht nach vorne abknicken. Nicht wippen!

12 Verschränken Sie die Hände hinter dem Kopf und neigen Sie ihn nach unten. Spüren Sie, wie sich die Halsmuskulatur anspannt und wieder lockert.

Erik Zabel, Radprofi und Ehefrau Cordula

Herrlich knusprig: Erik schwärmt für Reibekuchen

Weit über 100 Renneinsätze absolviert der „Marathonmann des Radsports" jedes Jahr. Manche Fahrer stöhnen schon über die ca. 3.500 km lange Tour de France: Erik Zabel kämpft nicht nur um das Grüne Trikot des Punktbesten beim Radsport-Klassiker, sondern fährt im September auch noch bei der Spanien-Rundfahrt (Vuelta) vorne mit. 2004 gewann er dort erneut das Blaue Trikot des Punktbesten. „Ich bewundere Erik. Es kann regnen oder stürmen, er schiebt sein Rad auf die Straße und trainiert. Für mich ist er ein Vorbild für jeden Radprofi", lobt Dr. Lothar Heinrich, Mannschaftsarzt beim Team T-Mobile.

Wofür Erik aus dem Sattel steigt:

Vize-Weltmeister 2004, sechsmal in „Grün" in Paris, Gesamt-Weltcupsieger des Jahres 2000, Deutschlands Sportler des Jahres 2001 – zu Hause isst Erik endlich das, was er während der Rennsaison unterwegs nicht bekommt. Zum Beispiel Kartoffelpuffer „ohne alles" oder mit Apfelmus. Die liebt er heiß und innig. Vor allem zur Weihnachtszeit schlendert er gerne über einen Weihnachtsmarkt, um dort Reibekuchen zu essen. Und was kann der Telekom-Sprinter absolut nicht leiden? „Mit einer Sache brauche ich gar nicht zu kommen", sagt seine Frau Cordula, „wenn er das Wort Sülze hört, verdreht er schon die Augen."

REIBEKUCHEN MIT APFELMUS

(für 4 Personen)

ZUTATEN:

2 kg Kartoffeln
eine große Zwiebel
Salz
2 Eier
Mehl nach Bedarf
Sonnenblumenöl zum Backen

ZUBEREITUNG:

Kartoffeln schälen, waschen. Zwiebel schälen. Kartoffeln und Zwiebel reiben oder pürieren. Mit Salz, Eiern und etwas Mehl vermengen. Öl erhitzen. Aus 2–3 EL Teig gleichmäßig große Kartoffelpuffer in das heiße Öl legen und beide Seiten goldbraun backen. Dazu schmeckt saftiges Apfelmus.

Tipp: Kartoffeln fein raspeln, nur die Zwiebel reiben. Dadurch schmecken die Puffer herzhafter. Je weniger der Teig gebunden ist, desto lockerer werden die Puffer. Mehl deshalb sparsam hinzufügen. Damit sich die Kartoffelpuffer gut vom Pfannenboden lösen, muss das Öl besonderes heiß sein.

8. MIT FRANK ROSIN DURCH DEN HERBST

Keine Jahreszeit duftet so gut wie der Herbst! Raus aus dem Haus – draußen strahlt die Sonne golden auf bunte Wälder. Laufen und Rad fahren durch raschelndes Laub, das nach Erde riecht. Kastanien sammeln und Drachen steigen lassen. Mit dem Wind einen Hügel hinuntertrudeln und „juchuuu!“ schreien. Sämige Kürbissuppe löffeln und frische Nüsse knacken. Die schönste Zeit für Feinschmecker ist gekommen. Schwindlig gucken auf dem üppigen Wochenmarkt!

APFEL-SELLERIE-SALAT

(für 4 Personen)

ZUTATEN:

100 g Crème fraiche oder saure Sahne
75 g Joghurt
2 EL Dijonsenf
ein TL Honig
Salz und Pfeffer aus der Mühle
ein Bund Staudensellerie
2 große, saure Äpfel
100 g rote Weintrauben ohne Kerne
2 EL Zitronensaft
75 g Walnusskerne
50 g Weizenkeime

ZUBEREITUNG:

Crème fraìche, Joghurt, Senf und Honig verrühren und mit Salz und Pfeffer abschmecken. Sellerie putzen, von den Fäden befreien und in sehr feine Scheiben schneiden. Äpfel waschen, entkernen und in dünne Spalten schneiden. Weintrauben halbieren, mit Sellerie, Apfel und Zitronensaft mischen. Mit den Walnusskernen auf Tellern anrichten, Weizenkeime darüber streuen und zum Schluss das Honig-Senf-Dressing darüber träufeln.

ORECCHIETTE À LA ROSIN

(für 4 Personen)

ZUTATEN:

eine mittelgroße Zwiebel
eine Knoblauchzehe
4 EL Olivenöl
500 g vollreife Roma-Tomaten
ein Lorbeerblatt
3 schwarze Pfefferkörner
4 EL Tomatenmark (mit Basilikum)
ein EL Butter
75 g schwarze, entkernte Oliven
400 g Orecchiette-Nudeln

ZUBEREITUNG:

Zwiebel und Knoblauch schälen und fein hacken. In heißem Olivenöl glasig dünsten. Tomatenmark zugeben.

Tomaten waschen, den Stielansatz entfernen und grob würfeln. Tomatenstükkchen, Lorbeerblatt und Pfefferkörner zu den Zwiebeln geben, kurz mitdünsten, aufkochen und bei schwacher Hitze ca. 20 Minuten köcheln lassen, bis das Sugo um die Hälfte reduziert ist.

In der Zwischenzeit die Nudeln in kochendem Salzwasser bissfest garen. Soße mit Butter, Salz und Pfeffer abschmecken und die Oliven in die Soße geben. Die Soße zusammen mit den Nudeln servieren.

ORO
PARMA
TOMATENMARK
mit Basilikum

HEILBUTT MIT KNOBLAUCH, HONIG, THYMIAN UND CHAMPAGNERKRAUT *(für 4 Personen)*

REZEPT

ZUTATEN:

4 Heilbuttkoteletts (ca. 250 g/ Stück)
Salz, schwarzer Pfeffer
ein EL Honig
eine unbehandelte Zitrone
8 Knoblauchzehen
einige Stiele frischen Thymians
4 Tomaten
2 Lorbeerblätter
Champagnerkraut (Hengstenberg) als Beilage

ZUBEREITUNG:

Fisch mit Salz und Pfeffer würzen und leicht mit Honig einstreichen. In eine Auflaufform legen. Zitrone in Spalten schneiden, Knoblauch schälen und halbieren. Thymianblätter abzupfen. Tomaten enthäuten, entkernen und grob würfeln. Alle Zutaten mischen, mit Salz und Pfeffer würzen, und um den Fisch herum verteilen. Alles bei 200°C im Umluftbackofen ca. 20 Minuten garen.

3
Hengstenberg
Mildessa
Champagner
Kraut

REZEPT

GEMÜSEMUFFIN AUF GESCHMORTEM CHICOREE

(für 4 Personen)

ZUTATEN FÜR 4 MUFFINS:

12 Scheiben Vollkorntoastbrot
200 g geschälte Möhren
2 große geschälte Kohlrabi
eine geschälte Zwiebel
eine Zucchini
2 Orangen
3 EL Pistazienkerne
4–6 Kolben Chicoree
Currypulver
Haselnussöl
3 EL Himbeeressig
Salz und Pfeffer aus der Mühle
Ursüße
eine Muffinform für 4 Muffins

ZUBEREITUNG:

Möhren, Kohlrabi und Zucchini auf einer Reibe raspeln. Die Zwiebel fein hacken (eine Hälfte für den Chicoree beiseite stellen). Die Zwiebelwürfel in Haselnussöl anschwitzen, das geraspelte Gemüse zugeben, fast gar schwitzen und mit Salz und Pfeffer würzen. Die Toastbrotscheiben von der Rinde befreien. Entsprechend der Muffinform mit einem Glas Kreise für Boden und Deckel ausstechen. Die Ränder mit einem Messer zurecht schneiden. Die Muffinform mit Haselnussöl auspinseln und acht Formen mit dem Brot auskleiden, Gemüse einfüllen, den Brotdeckel auflegen und leicht andrücken. Die Muffins im vorgeheizten Backofen ca. 20–25 Minuten bei 170°C backen.

Chicoreekolben halbieren und waschen. Die Orangen mit einem scharfen Messer dick schälen und die Filets zwischen den Trennwänden herausschneiden. Trennhäute ausdrücken, Saft beiseite stellen.
In der Zwischenzeit die Pistazienkerne in etwas Haselnussöl anrösten, Currypulver, Himbeeressig und Orangensaft zugeben, mit etwas Ursüße würzen, die halben Chicoreekolben einlegen und ca. 5–7 Minuten mit schwacher Hitze dünsten. Herausnehmen, auf Tellern anrichten, Orangenfilet verteilen und die Gemüsemuffins darauf setzen.

ROTE LINSEN MIT KARTOFFELVINAIGRETTE

(für 4 Personen)

ZUTATEN:

200 g Kartoffeln
eine Möhre
eine Stange Lauch
eine Knolle Sellerie (ca. 150 g)
ein EL Öl zum Braten
220 g rote Linsen
360 ml Gemüsefond
Salz und weißer Pfeffer aus der Mühle
3 EL Weißweinessig
2 EL Olivenöl
ein EL Kürbiskernöl
ein kleiner Bund Schnittlauch
ein Kopf Eichblattsalat, geputzt und gewaschen

ZUBEREITUNG:

Kartoffeln unter fließendem Wasser gründlich abwaschen, dann in Salzwasser ca. 20 Minuten kochen. Möhre, Sellerie und Lauch putzen, waschen und in feine Würfel schneiden. Das Gemüse in heißem Kürbiskernöl andünsten, Linsen dazugeben, kurz mitdünsten und mit 250 ml des Geflügelfonds ablöschen. Zugedeckt ca. 5 Minuten kochen lassen (die Linsen müssen noch Biss haben). Mit Salz und Pfeffer abschmecken und abkühlen lassen.

Kartoffeln abgießen, ausdampfen lassen, pellen und dann fein stampfen. Kartoffelstampf mit Essig, 100 ml warmen Geflügelfond und Olivenöl verrühren, mit Salz und Pfeffer abschmecken. Den Schnittlauch in feine Ringe schneiden und untermischen. Salat in mundgerechte Stücke zupfen, auf Tellern anrichten und Linsen darauf geben. Die Kartoffelvinaigrette dazu reichen.

KÜRBISCHAUM-SUPPE MIT APFEL

(für 4 Personen)

ZUTATEN:

eine Stange Lauch
2 mittelgroße Äpfel
2 mittelgroße Zwiebeln
ein EL Sonnenblumenöl
eine rote Chilischote
ein EL Zucker
4 EL Weißweinessig
Salz
eine Prise Kreuzkümmel
eine Gewürznelke
ein kg Kürbis (netto 750g Fruchtfleisch)
ein EL Butter
400 ml Gemüsefond
Pfeffer aus der Mühle
200 ml Schlagsahne
einige Blätter frisches Basilikum

ZUBEREITUNG:

Lauch putzen und in feine Ringe schneiden. Äpfel und Zwiebeln schälen. Äpfel entkernen und zusammen mit den Zwiebeln in feine Würfel schneiden. In heißem Öl andünsten. Chilischote halbieren, entkernen, klein schneiden und zugeben. Mit Zucker, Essig, Salz, Kreuzkümmel und Gewürznelke würzen. 50 ml Wasser angießen und alles zugedeckt ca. 20 Minuten schmoren lassen.

Kürbisfleisch klein schneiden und in heißem Fett andünsten. Mit Gemüsefond ablöschen, mit weißem Pfeffer würzen und zugedeckt etwa 15 Minuten köcheln lassen. Kürbis mit einem Stabmixer pürieren, Schlagsahne steif schlagen und unterziehen. Kürbiscremesuppe mit jeweils etwas Chutney in einem tiefen Teller anrichten. Basilikumblätter in feine Streifen schneiden und drüberstreuen.

LE CREUSET

ORANGEN-BUTTERMILCH

(für 4 Personen)

REZEPT

ZUTATEN:

2 ungespritzte Orangen
Honig oder Ahornsirup
750 Gramm Buttermilch

ZUBEREITUNG:

Die Schale der Orange abreiben, Orange auspressen und Saft erwärmen, Honig oder Ahornsirup darin auflösen und alles im Kühlschrank erkalten lassen. Nun alles zusammen mit der Buttermilch in einem Mixer vermengen und mit einem Schuss Zitronensaft abschmecken.

BEEREN-KALTSCHALE MIT VITAMIN-RISOTTO

(für 4 Personen)

ZUTATEN:

400 g tiefgekühlter Beerenmix
eine Charentais-Melone
2 TL Weizenkeimöl
160 g Milchreis
600 ml Multivitaminsaft
2–3 EL Honig
2 EL Ursüße
4 EL Pinienkerne

ZUBEREITUNG:

Das Öl in einem Topf bei schwacher Hitze erhitzen. Den Milchreis und die Pinienkerne darin andünsten, bis der Reis glasig ist. Dann die Hälfte des Multivitaminsafts angießen und unter Rühren bei schwacher Hitze leicht köcheln lassen, bis der Reis beginnt, trocken zu werden. Dann den übrigen Saft hinzufügen und noch mal aufkochen. Den Reis beiseite stellen und mit geschlossenem Deckel etwa vier Stunden oder über Nacht quellen oder vollständig auskühlen lassen. Die Melone von der Schale und den Kernen befreien. Die Beeren auf ein Sieb geben und mit Ursüße bestreuen. Das Melonenfruchtfleisch mit dem Honig pürieren und die Beeren unterheben. Die Kaltschale in tiefe Teller oder große Tassen füllen. Den Reis mit einem Eisportionierer in die Kaltschale setzen und servieren.

9.

TRINK DICH FIT!

Wasser ist ein elementarer Bestandteil unseres Körpers, der zu mehr als der Hälfte aus Wasser besteht. Für alle biologischen Vorgänge im Organismus ist es absolut unverzichtbar und unersetzbar: Trinken Sie – mit Genuss und regelmäßig! Reines, klares Wasser sorgt dafür, dass Sie gesund und leistungsfähig bleiben. Wasser ist der preisgünstigste und effektivste Fitmacher und das beste Schönheitselixier!

TRINK DICH FIT!

Wie Sie mit Wasser mehr leisten

„Hast Du schon wieder Durst?“ oder „Du trinkst ja schon wieder!“ höre ich oft, wenn ich eine Wasserflasche öffne. Es wundert mich, dass ein völlig normaler Wasserkonsum auffällt. Meist denjenigen, die selbst zu wenig trinken.

Der tägliche Wasserbedarf beträgt 2,4 Liter, von denen dem Körper 1,5 Liter durch Getränke zugeführt werden müssen. Diese Empfehlung ist ein Orientierungswert, der sich auf den minimalen Bedarf bezieht. Wenn Sie durch sommerliche Temperaturen oder Sport ins Schwitzen kommen, müssen Sie den Schweißverlust mit einem zusätzlichen Quantum Wasser ausgleichen.

Im Zeitraum von 15–16 Tagen wird das gesamte Körperwasser erneuert. In dieser Zeit muss dem Organismus daher auch die entsprechende Menge Flüssigkeit zugeführt werden.

Das Gefühl für den körpereigenen Wasserbedarf ist den meisten Menschen abhanden gekommen. Viele Zeitgenossen haben verlernt, in regelmäßigen Abständen zu trinken und der Organismus muss sich zwangsläufig an einen chronischen Wassermangel anpassen. Dabei sind wir mit dem richtigen Gespür auf die Welt gekommen: Neugeborene trinken alle zwei Stunden und halten damit einen Rhythmus ein, dem auch Erwachsene folgen sollten. Überprüfen Sie Ihre Trinkgewohnheiten doch einfach einmal und schreiben Sie auf, was Sie wann trinken und wie viel Sie davon zu sich nehmen. Kann sich Ihre Bilanz sehen lassen – und kommen Sie auf den minimalen Richtwert?

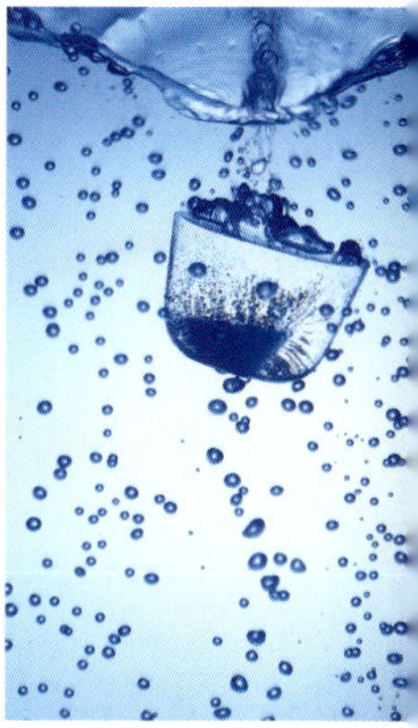

Wie viel Wasser trinken Sie an einem ganz normalen Tag? Ich beziehe mich auf klares Wasser, so wie es bei Ihnen aus dem Wasserhahn fließt. Müssen Sie eine Weile überlegen? Das geht den meisten so, denn Mixgetränke, Fruchtsäfte oder Teemischungen machen den größten Teil unseres Flüssigkeitskonsums aus. Dabei sollten wir darauf achten, unserem Körper – der ja zu 75 % aus Wasser besteht – auch in ausreichender Menge reines Wasser zuzuführen. Ist die Menge zu gering, spart der Organismus es bei der Entgiftung und Entsäuerung des Körpers, bei der Verdauung im zentralen Nervensystem oder durch Entzug von Wasser aus den Bandscheiben ein. Wer also konstant zu wenig trinkt, gefährdet damit seine Gesundheit.

Für Ihren Alltag gilt: Trinken Sie, bevor Sie Durst verspüren, und trinken Sie, soviel Sie können – auf jeden Fall deutlich mehr als die allgemein empfohlenen 1,5 Liter pro Tag. Ihre individuelle Dosis wird nicht nur von Tag zu Tag schwanken, sondern auch von Ihrer speziellen Arbeits- und Trainingssituation, dem Klima Ihrer Umgebung und Ihrer Ernährung abhängen.

Wie können Sie feststellen, wie hoch Ihre Wasserdosis beispielsweise heute oder gestern war? Überlegen Sie, was Sie getrunken haben, und ziehen Sie alle Flüssigkeiten ab, die nicht aus reinem Wasser bestehen.
Zahlreiche Sportler kontrollieren Ihre Flüssigkeitsaufnahme durch regelmäßige Kontrollen Ihres Urins. Ist er farblos bis hellgelb, war die Flüssigkeitsmenge ausreichend, ein dunklerer Farbton deutet auf Wassermangel hin.

Sie finden Sie heraus, wieviel Sie trinken

Ihren Flüssigkeitskonsum können Sie ganz einfach kontrollieren, wenn Sie eine 1,5 l Wasserflasche an Ihren Arbeitsplatz mitnehmen und in Griffnähe stellen. Wenn Sie nur aus Gläsern trinken, verlieren Sie leicht den Überblick.

Über die Wirkung populärer Muntermacher und „Light"-Produkte

Kaffee und Tee sind nicht als Getränke zu werten, weil sie stark entwässern. Hier gilt: Für jede Tasse Kaffee oder Tee trinken Sie eineinhalb Tassen Wasser zusätzlich, um Ihren Flüssigkeitshaushalt konstant zu halten. Ich bin mittlerweile zum Espressoliebhaber geworden. Durch seine Zubereitungsmethode enthält der „kurze" Schwarze weniger Reizstoffe und Chlorogen als beispielsweise Filterkaffee. Fühlen Sie sich oft schlapp? Versuchen Sie es auch einmal mit einem Muntermacher aus der Natur: Ein Tupfer Pfefferminzöl an den Schläfen erfrischt und belebt.

Als Muntermacher werden auch Energy-Drinks verkauft. Sie enthalten neben Farb- und Aromastoffen, künstlicher Süße und Zucker auch Koffein, Taurin, Guarana und Inosit. Eines liefern diese „Erfrischungsgetränke" mit Sicherheit: jede Menge Kalorien und Farbstoffe, die bei empfindlichen Menschen Allergien auslösen können. Die Wirkung von Taurin konnte darüber hinaus von Wissenschaftlern noch nicht nachgewiesen werden.

Noch ein Hinweis für alle, die warme Getränke kalorienbewusst mit Süßstoffen veredeln oder „Light"-Produkte großer Getränkekonzerne konsumieren: Sie sollten wissen, dass Süßstoffe dick machen und größtenteils unangenehme

Nebenwirkungen haben. Beim Süßen mit künstlichen Produkten reduziert die Leber in Erwartung von Energie in Form von „echtem" Zucker die Zuckerbildung, speichert den vorhandene Blutzucker und füllt Depots. Der Blutzuckerspiegel sinkt, der Hunger nimmt zu. Studien haben ergeben, dass Testpersonen nach dem Genuss von Aspartam mehr aßen als die Kontrollgruppe. Das Nachfolgeprodukt von Saccharin (enthalten in über 9000 Lebensmitteln) sollten Sie übrigens meiden, denn es zerfällt bei Temperaturen über 30 Grad – also in Ihrem Magen – in die Aminosäuren Aspartat und Pheylalanin, aber auch das giftige Methanol, das unter anderem Kopfschmerzen, Schwindel und Krämpfe verursachen kann.

Koffein beeinträchtigt Leistung des Gehirns

„In einigen experimentellen Modellen hat sich kürzlich gezeigt, dass Koffein ein sehr wichtiges Enzym-System hemmt. PDE (Phospor-di-esterase), das beim Lernprozess und beim Aufbau des Gedächtnisses beteiligt ist. In den genannten Experimenten waren durch das Koffein die Komponenten Sehen und Erinnern bei den Probanden beim Lernen eingeschränkt. Sie verstehen jetzt sicher, warum Alzheimer-Kranke und Kinder mit Lernschwierigkeiten nichts außer Wasser trinken sollten. Ganz sicher keine koffeinhaltigen Getränke." *(Dr. Fereydoon Batmanghelidj)*

„In unseren modernen Gesellschaften ist der Gedanke weit verbreitet, dass Tee, Kaffee, Alkohol und industriell hergestellte Getränke ein wünschenswerter Ersatz für das natürliche Wasser sind, das ein täglich gestresster Körper braucht. Dies ist ein elementarer, aber katastrophaler Irrtum. Sicherlich enthalten diese Getränke Wasser, aber sie enthalten außerdem dehydrierende (Wasser entziehende) Anteile. Sie führen nicht nur das Wasser ab, in dem sie gelöst sind, sondern außerdem noch Wasser aus den Reserven des Körpers!
Der moderne Lebensstil macht die Menschen von allen möglichen industriell gefertigten Getränken abhängig. Kinder werden nicht dazu erzogen, Wasser zu trinken, sie werden abhängig von Limonaden und Säften. Damit werden die Bedürfnisse des Körpers nach Wasser freiwillig vernachlässigt. Es ist grundsätzlich nicht möglich, das Wasser, das der Körper braucht, durch vorgefertigte Getränke zu ersetzen. Gleichzeitig führt die Vorliebe für den Geschmack dieser Getränke automatisch dazu, dass der Wunsch, Wasser zu trinken, kaum mehr verspürt wird, auch dann, wenn keine Limonaden zur Verfügung stehen."
(Dr. Fereydoon Batmanghelidj)

Flüssigkeitsverlust beim Sport

Sportler schwitzen und verlieren dadurch Flüssigkeit. Die Leistungsfähigkeit eines Athleten nimmt rapide ab, wenn das ausgeschwitzte Wasser nicht sofort, respektive noch während des Wettkampfs wieder ersetzt wird. Wassermangel führt zum Leistungsabfall und kann schlimmstenfalls einen Kollaps auslösen. Durch eine verringerte Durchblutung des Organismus gelangen auch weniger Nährstoffe und Sauerstoff in Muskulatur und Zellen. Das merken Sie als Läufer sehr deutlich, wenn Ihre Muskeln erlahmen oder Sie von Krämpfen geplagt werden.

Bei sportlichen Aktivitäten bis zu 30 Minuten brauchen Sie während der Belastung nicht zu trinken. Der Schweißverlust von rund 0,5 –1 l kann nach dem Training wieder ersetzt werden.

Schneller regenerieren mit isotonischen Getränken?

Die Inhalt von Sportgetränken – der Begriff ist nicht geschützt – ist so unterschiedlich wie die Zusammensetzung der Mineralstoffe aus unterschiedlichen Mineralwasser-Quellen. Oft werden den einzelnen Produkten Vitamine zugesetzt, die den Verkauf fördern sollen. Da Vitaminverlust über den Schweiß nicht nennenswert sind und die Getränke viel Zucker erhalten, sind sie nicht zu empfehlen. Nach rund einer Stunde sportlicher Aktivität wünscht sich Ihr Körper hauptsächlich Wasser. Ein stilles Mineralwasser – in kleinen Schlucken getrunken – liefert dem Organismus alles, was er braucht. Sie können Mineralwasser im Verhältnis 2:1 auch mit Fruchtsaft mischen, wenn Ihnen eine Schorle nach der Belastung nicht zu sauer ist. Sportler mit empfindlichen Mägen rate ich dazu, nach dem Trinken von reinem Mineralwasser etwas Obst zu verspeisen.

Nährstoff-, Mineralstoff- und Vitamingehalt von Frucht- und Gemüsesäften pro 100 ml

	ENERGIE kcal	KOHLENHYDRATE g	FETT g	EIWEISS g	VITAMIN A µg	VITAMIN C mg	KALIUM mg	MAGNESIUM mg	NATRIUM mg	CALCIUM mg	PHOSPHOR mg	EISEN mg
Ananassaft	56	13,5	0,1	0,4	8	9	149	-	1	15	9	0,3
Apfelsaft	47	11,7	-	0,1	7	1	109	4	2	7	8	0,3
Aprikosennektar	60	14,4	0,1	0,3	105	3	151	-	-	9	12	0,2
Birnennektar	55	12,9	0,2	0,3	-	-	39	-	1	3	5	0,1
Brombeersaft	38	7,8	0,6	0,3	-	10	170	-	1	12	12	0,9
Grapefruitsaft	39	9	0,1	0,6	-	40	129	-	2	13	8	0,3
Johannisbeersaft	54	13	-	0,4	3	30	98	-	5	15	10	0,3
Mandarinensaft	44	9,6	0,2	0,6	42	32	158	-	1	19	15	0,2
Orangensaft	49	11	0,2	0,7	12	42	186	12	1	13	17	0,4
Traubensaft	69	17,1	-	0,2	-	1	132	9	3	12	12	0,4
Zitronensaft	35	8	0,2	0,4	2	51	142	10	2	11	12	0,2
Karottensaft	27	5,5	-	0,6	5,6	-	219	-	52	27	31	-
Rote-Bete-Saft	42	9,5	-	1	-	2,9	242	-	200	-	28	-
Tomatensaft	20	4,2	0,04	0,7	0,5	14,8	236	-	5,1	15	16	0,5

Sie haben Lust auf ein kühles Blondes? Kein Problem, denn es gibt mittlerweile eine große Auswahl alkoholfreier Biere. Mit einem Alkoholgehalt von 0,4 Vol. % ist es auch als Après-Sport-Getränk in moderaten Mengen von 2–3 Gläsern geeignet. Und es besitzt weniger Kalorien als die vergleichbare Menge Apfelsaft!

Ein alkoholfreies Bier enthält viel Kalium, Magnesium und Phosphor und kann deshalb als Mineral- oder Elektrolytgetränk bezeichnet werden. Es wirkt isotonisch, liefert zahlreiche Vitamine (darunter fast alle aus der B-Gruppe), Folsäure, alle wichtigen Aminosäuren, viele Spurenelemente und lösliche Ballaststoffe.

Mineralstoffgehalt von Bier in mg/100g *(+=enthalten)*

	KALIUM	MAGNESIUM	NATRIUM	CALCIUM	PHOSPHOR	EISEN
Alkoholfreies	32	7	k. A.	7	20	+
Alt	49	11	k. A.	4	29	+
Diätbier	45	10	4	4	31	+
Export	51	10	2	3	36	+
Kölsch	48	9	6	4	26	+
Pils	50	10	3	4	31	+
Weizen	49	10	3	3	31	+

Mineral- und Heilwässer im Vergleich

Angabe der gelösten Mineralstoffe in mg/l

	CALCIUM	CHLORID	FLUORID	HYDRO-GENCAR-BONAT	KALIUM	MAGNE-SIUM	NATRIUM	SULFAT
Apollinaris	94,3	168,2	0,68	1806,0	29,4	115,3	505,0	128,0
Bad Neuenahr Heilw.	78,4	61,5	0,95	1342,0	24,0	87,9	300,0	65,3
Bad Vilbeler Elisab.	110,0	6,3	0,90	397,0	5,4	20,2	6,3	43,0
Bad Vilbeler Urquelle	190,0	111,0	0,37	727,0	13,0	25,7	98,0	54,0
Contrex	486,0	10,0	0,30	403,0	3,2	84,0	9,1	1187,0
Evian	78,0	4,5	0,02	357,0	1,0	24,0	5,6	10,0
Förstina	380,0	30,9	1,30	742,0	12,5	51,6	37,0	549,0
Gerolsteiner	363,7	38,9	0,21	1917,0	11,9	112,5	128,2	33,7
Hassia	186,0	121,0	0,62	1144,0	26,7	36,1	28,0	42,0
Heppinger	115,9	244,7	0,98	2891,0	52,7	164,8	856,0	188,0
Hessen-Quelle	259,0	300,0	0,29	1349,0	29,7	45,2	341,0	50,0
Hirschquelle	216,5	32,2	1,30	1314,0	15,5	36,5	220,0	80,5
Hubertus-Sprudel	72,2	396,6	050	1954,0	36,2	14,6	756,2	173,2
Kaiser-Friedrich-Qu.	259,9	1170,0	0,16	1129,0	43,0	86,0	715,0	69,0
Luisenbrunnen	347,0	319,0	0,35	1336,0	20,3	44,3	240,0	45,0
Perrier	140,2	30,9	0,12	347,7	1,0	3,5	14,0	51,4
Reginaris	198,2	32,4	0,36	1974,0	16,8	120,4	291,5	38,2
Rheinfels Quelle	1,8	123,0	0,62	405,0	4,8	0,6	258,0	27,0
Rhenser	75,0	377,0	0,50	605,0	10,9	38,0	530,0	306,0
Römerquelle	171,1	4,5	0,36	442,7	2,1	77,9	15,2	397,5
Rosbacher	224,0	131,0	0,08	1195,0	3,7	109,0	83,1	12,0
Rosbacher Gloria Qu.	93,	9,0	0,20	368,0	1,2	16,0	9,0	7,0
S. Pellegrino	207,0	70,5	0,65	226,0	2,7	59,3	41,5	547,0
Selters (Lahn)	156,0	359,0	0,86	1098,0	15,6	51,7	368,0	15,6
Selters (Taunus)	106,0	1124,0	-	1128,0	23,7	42,0	1060,0	28,6
St. Gero	407,3	72,9	0,15	1775,0	10,2	120,5	174,7	37,9
Staatl. Fachingen	122,0	150,7	0,31	1950,0	28,1	53,2	602,0	65,5
Überkinger	22,5	100,0	2,90	1480,0	14,1	14,7	1090,0	1110,0
Vilsa	60,5	2,3	0,18	196,0	2,4	4,3	18,6	22,0
Vittel	202,0	-	0,14	402,0	-	36,0	3,0	306,0
Volvic	10,4	7,5	0,20	64,0	5,4	6,0	8,0	6,7

Wasser ist Leben

Wasser ist einer der wichtigsten Bestandteile des menschlichen Körpers, der zu mehr als der Hälfte aus Wasser besteht. Es ist für alle biologischen Vorgänge im Organismus von größter Bedeutung:

- Wasser ist Bestandteil und Baustein aller Körperzellen.
- Es transportiert und löst alle Nähr- und Wirkstoffe.
- Es ermöglicht die lebenswichtige Ausscheidung von Stoffwechselprodukten aus dem Körper.
- Es ist verantwortlich für den Stoffaustausch zwischen den Körperzellen.
- Es reguliert den Wärmehaushalt des Körpers.

Das Körperwasser befindet sich zu zwei Dritteln innerhalb der Zellen (intrazelluläre Flüssigkeit), einem Drittel außerhalb der Zellen (extrazelluläre Flüssigkeit, z.B. im Blut). Es ist leicht verständlich, dass insbesondere Organe mit einem hohen Anteil an Wasser (z.B. das Gehirn mit 75 % oder die Muskulatur) äußerst empfindlich auf Wassermangel reagieren, der beispielsweise durch Flüssigkeitsverlust beim Sport entstehen kann.

Kationen:

- **Calcium:** Der Körper braucht es zum Aufbau und zur Härtung der Knochen, zur Steuerung der Muskeln, für das Blutgerinnungssystem.
- **Magnesium:** Ist ein Anti-Stress-Mineral, aktiviert mehr als 300 Enzyme, stärkt Herz und Muskeln.
- **Natrium:** Ein Wasser mit einem niedrigen Natrium-Gehalt ist z. B. ideal fur Menschen, die einen hohen Blutdruck haben.
- **Kalium:** Wichtig für Herz, Muskeln u. Nerven.

Anionen:

- **Hydrogenkarbonat:** Wirkt u. a. als Puffer gegen Magensäure sowie gegen Milchsäure im Blut, ist deshalb insbesondere bei Ausdauer-Sport wichtig.
- **Sulfat:** Trägt wesentlich zur Säurebelastung des Körpers bei.
- **Chlorid:** Für eine salzarme Ernährung (z. B. wegen Bluthochdrucks) ist ein Wasser mit einem niedrigen Chlorid-Gehalt ideal.

Wassergehalt der Organe:
Gehirn 75%
Leber 71 %
Muskel 70%
Haut 58%
Skelett 28 %
Fettgewebe 23%

Schneller fit mit isotonischen Getränken?

Für die Verteilung des Wassers im Körper sind so genannte osmotische Kräfte zuständig, zu denen insbesondere die Mineralstoffe und Spurenelemente, aber auch bestimmte Eiweißstoffe gehören. Wasser und Mineralstoffe gehen beim Schwitzen gemeinsam verloren, der Wasser- und Mineralstoffhaushalt ist untrennbar miteinander verbunden. Chronischer oder auch nur zeitweiliger Mangel an Wasser ist die Hauptursache körperlicher und mentaler Leistungsverluste. Eine Analyse der Trinkgewohnheiten und gegebenenfalls eine Verbesserung der Flüssigkeitsversorgung sind ein wesentlicher Schritt zu mehr Leistung und Wohlbefinden. Richtiges und damit ausreichendes Trinken ist die grundlegende Voraussetzung für ein optimales Funktionieren aller chemischen Reaktionen des Körpers, einschließlich der Energieproduktion.

Ein optimales Sportgetränk ersetzt die bei der körperlichen Aktivität verlorene Flüssigkeit und Mineralstoffe so schnell wie möglich. Für das Tempo der Aufnahme ist die Zusammensetzung des Getränks entscheidend. Ideale Getränke verlassen den Magen schnell und können damit auch rasch im Dünndarm resorbiert werden. Ein optimaler Sporttrunk enthält:

- 5–6 % Kohlenhydrate, die sich als optimaler Anteil für eine schnelle Magenpassage erwiesen haben.
- 400–1100 mg/l Natrium, das die verlorenen Salze ersetzt und den Natriumspiegel in der Balance hält. Natrium fördert die Speicherung von Flüssigkeit im Körper.
- Kalium in einer Konzentration von 120–25 nmg/l, das nach der körperliche Belastung zum Ausgleich der Flüssigkeitsverluste beiträgt.

Die Geschwindigkeit des teilweisen Ersatzes der durch den Schweiß verloren gegangenen Flüssigkeit ist nicht nur von der Geschwindigkeit der Magenentleerung abhängig, sondern auch von der Aufnahme der neu zugeführten Flüssigkeit im Dünndarm. Sie ist umso höher, je stärker die Osmolalität eines Getränks derjenigen des Blutplasmas angepasst ist.

Osmolalität ist die Konzentration gelöster Substanzen in 1 kg Lösungsmittel Osmolarität (Untersuchungsmaterial). Die Osmolalität des Blutes beträgt rund 90 mmol/kg. Isotonische Getränke haben die gleiche Osmolalität und können vom Organismus mit maximaler Geschwindigkeit aufgenommen werden.

Getränke lassen sich in Bezug auf ihre Osmolalität in Kategorien einteilen:

Isotonische Getränke
besitzen die gleiche Geschwindigkeit wie das Blut und werden mit maximaler Geschwindigkeit resorbiert: Fruchtsaftschorle, Isogetränke, alkoholfreies Bier, Maltodextrin.

Hypotone Getränke
haben eine geringere Absorptionsgeschwindigkeit, da sie weniger Natrium und Glukose enthalten, die bei ihrer Aufnahme Wasser nach sich ziehen. Dennoch zur schnellen Rehydratation geeignet, da sie der Dünndarm quantitativ absorbiert: Leitungs- und Mineralwasser, Früchte- und Kräutertee, Bouillon, Tomatensaft.

Hypertone Getränke
werden im Dünndarm zuerst verdünnt. Die Rehydratation verzögert sich, weil die Flüssigkeitsaufnahme erst im Dickdarm abgeschlossen ist: Fruchtsaft, Energy-Drinks, Limonade, Colagetränke, Malzbier.

2. Mercure
49

10.

WACH UND FIT DURCH DEN TAG

Mit der richtigen Strategie kommen Sie ohne Leistungslöcher durch den Tag. Vollwertig auftanken und rechtzeitig Qualität snacken – so haben Sie auch am Feierabend noch genug Power für alles, was Spaß macht. Die wertvollste Zeit des Tages sollten Sie aktiv genießen. Entdecken Sie das Fitnessprogramm für Schlaue und werden Sie zum perfekten Energiemanager!

VOM RICHTIGEN ZEITPUNKT: WACH UND FIT DURCH DEN TAG

Frühstücken wie Königs

Sie stürmen morgens ohne Frühstück aus dem Haus, weil Sie lieber noch eine Weile an der Matratze horchen, als in der Küche zu werkeln – und sowieso keinen Hunger haben? Falsch, ganz falsch und eine folgenschwere Entscheidung: Den Tag ohne einen leckeren, kohlenhydratreichen Happen zu beginnen, ist so, als würden Sie Ihren Sportwagen nicht mit Sprit befüllen und sich dann wundern, warum er keine Leistung bringt. Sie haben noch keinen energetischen „Einbruch" bei sich registriert? Dann vergleichen Sie Ihre allgemeine Befindlichkeit nach einem vollwertigen Frühstück einmal mit Ihrer Fitnesskurve „ohne". Hand aufs Herz: Wie schnell verfällt Ihre morgendliche Frische und verebbt Ihr Schwung? Wann nimmt Ihre Power ab und Sie greifen zum belegten Brötchen aus der Kantine und einem koffeinhaltigen Muntermacher?

Begrüßen Sie den neuen Tag mit einem ausgewogenen Frühstück, denn ein guter Start wirkt sich positiv auf das Essverhalten der folgenden Stunden und Ihre Leistungsfähigkeit aus. Eine Kombination aus Vollkorngetreide, frischem Obst und Milch- oder Sojaprodukten liefert Ihnen nicht nur hochwertige Kohlenhydrate, Ballaststoffe, Vitamine und Eiweiß, sondern versorgt Sie auch mit allen lebenswichtigen Nährstoff-Zwergen. Wie Ihr kerniges und vor allem appetitliches Frühstücksmenü aussieht, hängt von Ihren persönlichen, geschmacklichen Vorlieben ab. Entscheiden Sie sich für Brot mit diversem Belag, sollte es auf jeden Fall ein Vollkornprodukt sein. Ich frühstücke am liebsten unser selbstgebackenes Dinkelbrot mit Honig und verspeise danach noch ein saftiges Müsli aus Getreideflocken, Früchten, Trockenfrüchten und Nüssen, über das ich Sojamilch mit Vanillegeschmack gieße.

Die weit verbreitete Kombination aus Toastbrot mit Marmelade und Multivitaminsaft kann ich leider nicht empfehlen, denn sie führt dem Körper schnell resorbierbare Kohlenhydrate zu, die den Blutzuckerspiegel – besonders in enger Zusammenarbeit mit einer Tasse Kaffee – rasch ansteigen lassen. Nach der pflichtbewussten, ebenfalls äußerst flotten Aufräumaktion des Insulins sitzen „Süß- und-Weißmehl-Frühstücker" mit gesunkenem Blutzuckerspiegel im Konzentrations- und Leistungsloch und haben wieder Hunger. Mangels vollwertiger Happen stillen ihn die meisten mit leeren Kalorien und Einfachzuckern. Das Blutzucker-Tagesprofil gleicht bei diesem Ernährungsstil einer Achterbahn. Lassen Sie uns also frühstücken wie bei Königs liebe Leserinnen und Leser. Ihrer Fantasie sind keine Grenzen gesetzt!

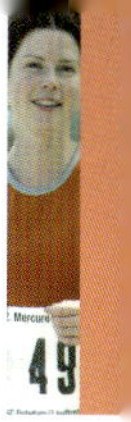

Hermann Maier, Ski-Rennfahrer

Top Speed mit Hermann Maier: Das Power-Müsli

„Jene Athleten, die jeden Bissen auf Gramm und Deka abwiegen, sind nicht immer die Siegertypen", sagt Heinrich Bergmüller, der Konditionstrainer von Hermann Maier. Er leitet auch den Olympiastützpunkt Obertauern in Österreich und hat zusammen mit Knut Okresek den Bestseller „Das Hermann Maier Trainingsprogramm" geschrieben. Bergmüller setzt auf ausgewogene, vollwertige Mahlzeite, und pfeift trotz einer kleinen Neigung zur Bauchfülle auf Diätpläne: „Gerade Sportler entwickeln im Laufe der Jahre einen Instinkt für die richtige Ernährung."

Heinrich Bergmüller zum Thema „gesunde Ernährung":
„Als Konditionstrainer des Herren-Skiteams stritt ich mit jedem Hotelkoch so lange, bis wir ein halbwegs sportgerechtes Menü hatten. Und glauben Sie mir, das war nicht immer leicht! Heli Höflehner zum Beispiel, Abfahrts-Weltcupsieger der späten achtziger und frühen neunziger Jahre, fiel mir regelmäßig in den Rücken. Wenn ich Spaghetti mit Tomatensoße auf die Speisekarte setzen ließ, bestellte er sich Cordon Bleu. Und als ich meine deutschen Leichtathletik-Freunde bei der WM 1987 in Rom besuchte, gab's bei denen gerade eine mühsame Ernährungsdiskussion. Die hatten ein paar Diätassistenten eingeflogen, die ihnen jedes Menü auf Punkt und Kalorie zusammenstellten. Was glauben Sie, wie Zehnkampf-Star Jürgen Hingsen & Co. verunsichert waren, als sie ihre DDR-Kollegen bei Hamburger und Pommes ertappten!"

HERMANNS POWER-MÜSLI

(für 2 Personen)

ZUTATEN:

200 g Vollkornmüsli mit Haferflocken, Nüssen und Trockenfrüchten
200 g Joghurt (max. 1,5 % Fett)
eine Banane
ein geraspelter Apfel
eine Kiwi
Honig
Wasser

ZUBEREITUNG:

Müslimischung am Abend in einem Suppenteller oder einer Schüssel mit Wasser ansetzen (Müsli leicht mit Wasser bedecken) und mit einem Geschirrtuch abdecken.
Am Morgen Apfel raspeln und Banane zerdrücken. Mit einem Teelöffel Honig und dem Joghurt anrichten. Mit Kiwi-Stücken dekorieren und servieren.

„Eine echte Energiebombe. Enthält alles, was der Körper für einen Power-Start braucht, in einer idealen Kombination.“ Hermann Maier

Gut verteilt ist halb gewonnen: Perfekt auftanken für einen langen Tag

Sie sind unsicher, wissen nicht, wie oft Sie sollten, dürfen, müssen und haben schon viele unterschiedliche Empfehlungen bekommen? Ich rate Ihnen dazu, die drei Hauptmahlzeiten durch zwei Zwischenmahlzeiten zu ergänzen. Meinen persönlichen Ernährungsfahrplan gestalte ich so, dass ich zu jeder Zeit des Tages mit Energie versorgt bin, aber keine überflüssigen Kalorien ansammle. Dabei hilft mir auch das richtige „Timing" der einzelnen Happen.

Denken Sie daran, dass es mit Schmecken, Kauen und Schlucken nicht getan ist und unterstützen Sie Ihre unsichtbaren Teampartner: Je später die Stunde, desto langsamer arbeitet der Stoffwechsel. Es gibt „Kernzeiten" der Verdauungsorgane, an denen sie am besten „funktionieren". Morgens und mittags sind Magen und Darm am aktivsten, abends sind Ihre Kraft – insbesondere für die Verarbeitung von Faserstoffen (Rohkost, Salate) – besonders gering. Nehmen Sie die letzte Mahlzeit daher, wenn möglich, drei Stunden vor dem Zubettgehen zu sich. Und ziehen Sie zu vorgerückter Stunden gedünstetes Gemüse oder ein Gemüsesüppchen einem Salat vor, denn der wird die Nacht über in Ihrem Verdauungstrakt vor sich hingären.

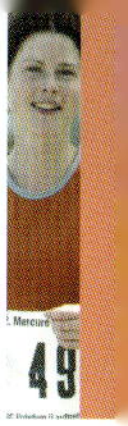

Machen Sie es sich zur Gewohnheit, Ihre Mahlzeiten gut über den Tag zu verteilen. Das Mittagessen sollte dabei – auch wenn Sie es nicht zu Hause einnehmen können – eine zentrale Rolle spielen und auch bei Zeitdruck nicht wegrationalisiert werden. Auch an Ihrem Arbeitsplatz können Sie zur Mittagszeit eine leichte, aber energiereiche Mahlzeit aus Kohlenhydraten und hochwertigem Eiweiß zu sich nehmen. Wer tagsüber kaum etwas isst oder sich lediglich mit „leeren" Kalorien über Wasser hält, stürzt sich meist wie ein hungriger Wolf auf das Abendessen. Ich kenne solche Tage, an denen ich es kaum erwarten kann, bis das Nudelwasser sprudelt, und ich aus Heißhunger schon vor der eigentlichen Mahlzeit den Kühlschrank und die Vorratsschränke plündere. Unzählige Kalorien wandern dann in den völlig überforderten Magen, und die Nacht verspricht unruhig zu werden, denn die Verdauungsorgane legen nur widerwillig eine Sonderschicht ein.

Schneller Seelenwärmer am Abend

Abends noch hungrig? Wenn Sie keine Lust auf „Schnittchen" haben und gerne schnell und unkompliziert noch etwas Warmes zubereiten möchten, ist eine Gemüsesuppe der ideale Glücklichmacher. Vorausgesetzt, Sie haben noch etwas Buntes vom letzten Einkauf übrig oder können zumindest eine Tüte Karotten auftreiben. Diese Früchtchen sind ein idealer „Grund-Vorrat", weil Sie, in ein feuchtes Tuch gewickelt, einige Tage frisch bleiben. Vielleicht haben Sie aber auch eine attraktive Gemüsemischung vom letzten Einkauf und damit geschmackliche Auswahl: Fundstücke kurz in Olivenöl andünsten, mit wenig Wasser bei geschlossenem Topfdeckel gar werden lassen, mit dem Stabmixer pürieren, klare Gemüsebrühe hinzufügen und mit heißem Wasser auffüllen. Kurz aufkochen lassen und löffeln! Je nach Lust und Laune können Sie das Süppchen weiter verfeinern (Kräuter, Hefeflocken, Sojasauce, Fermentgetreide) und mit etwas Sauerrahm, Nussmus oder einem Tropfen feinem Öl (z.B. Walnuss, Kürbiskern) abrunden.
Auch Hirse mit Gemüse ist ein schnelles und leicht verdauliches Abendessen. Kochen Sie das Getreide 5 Minuten in Gemüsebrühe und lassen es anschließend 10 Minuten quellen. In der Zwischenzeit können Sie das Gemüse in etwas Sojaöl andünsten, mit Sojasauce ablöschen und dann untermischen. Sehr fein schmeckt die Gemüsehirse auch mit Champignons. Bleibt noch etwas übrig, können Sie es kalt vor einem morgendlichen Training verputzen.

Was Sie mittags und nachmittags fit und munter bleiben lässt

Streichen Sie Ihr Mittagessen auch an stressigen Tagen nicht vom Tagesplan, denn es sichert Ihnen eine ausreichende Menge an Energie für den restlichen Tag. Eine ideale Mittagsmahlzeit enthält einen hohen Anteil an Kohlenhydraten und Proteinen. Auf den Punkt gebracht: Eine große „Sättigungsbeilage" aus ballaststoffhaltigen Kohlenhydraten, zwei Drittel knackiges Gemüse und eine Schüssel Salat. Wenn Sie wenig Zeit haben und morgens noch keines gegessen haben, können Sie sich auch ein kleines Müsli basteln. Die Grundmischung horten Sie vielleicht in Ihrem Büroschrank, das Naturjoghurt oder die Sojamilch im Abteilungskühlschrank? Jetzt noch eine Banane und/oder einen Apfel stückeln und untermischen – fertig ist die gesunde Büroverpflegung.

Bananen, Äpfel, Vollkornkekse und Fruchtriegel sind gute Zwischenmahlzeiten. Lassen Sie Billig-Energieriegel links liegen, denn Sie gehören zur Familie der Süßigkeiten und Dickmacher. Meist verbergen sich in der bunten Verpakkung nur Haferflocken und Rosinen, die mit Einfachzucker verkleistert wurden. Gute Sportriegel enthalten Maltodextrin (z.B. von PowerBar).

Simon Ammann, Skispringer

Energie aus einem Topf: Simon löffelt Linsensuppe

Er war der „Überflieger" bei den Olympischen Spielen 2002 in Salt Lake City. Dort gewann der sympathische Schweizer mit dem verschmitzten Lächeln zweimal Gold – von der Normal- und von der Großschanze. „Harry Potter der Lüfte" wurde er von der Presse genannt. Nach seinen sportlichen Erfolgen folgten unzählige Auftritte und Ehrungen, Simon saß bei „Wetten, dass…?" auf der Couch, wurde Schweizer Sportler des Jahres und konnte sich vor Fanpost kaum noch retten. Jetzt ist es wieder ruhiger geworden um den fröhlichen Springer aus Unterwasser, der ein Faible für die asiatische Küche hat. Zu Hause lässt er sich in gemütlichen Stunden von Mutter Margrith gerne mit deftiger Hausmannskost verwöhnen.

Simon zum Thema „exotische Küche":
Bei einem Weltcup-Springen in Japan wurden wir einmal in ein typisches japanisches Restaurant eingeladen. Dort bot man uns eine Spezialität des Landes an: Vor uns lag ein etwa 20 cm langer Fisch im Originalzustand. Auf die Frage, wie er denn zu filetieren sei, wurde uns gesagt, man präpariere diesen Fisch zuvor so, dass man alles essen könne. Wir schauten uns gegenseitig an und schüttelten den Kopf. Die Japaner machten es uns aber vor, und wir entschlossen uns – trotz großer Skepsis – ebenfalls Kopf, Flossen und sogar die Gräten zu essen. Zu unserer Überraschung schmeckte das sehr gut, und wir bestellten gleich noch ein Exemplar.

SIMONS LINSENTOPF

(für 4 Personen)

ZUTATEN:

300 g Möhren
150–200 g Soßenzwiebeln
ein Lorbeerblatt
ein Zweig Thymian
250 g Linsen (bitte Kochzeit auf der Packung beachten)
4–5 dl Gemüsebrühe
Salz
Pfeffer
Sonnenblumenöl

ZUBEREITUNG:

Möhren in Scheiben schneiden, die Soßenzwiebeln nur schälen und alles in einem Topf mit Sonnenblumenöl andämpfen. Das Lorbeerblatt und den Thymian kurz mitdämpfen.
Die Linsen kurz waschen und in den Topf geben. Die Gemüsebrühe darüber gießen und aufkochen. Etwa 40 Minuten zugedeckt auf kleiner Flamme köcheln lassen.
Achtung: Beträgt die Kochzeit der Linsen weniger als 40 Minuten, dann entsprechend später dazugeben! Dann mit Salz und Pfeffer abschmecken und vor dem Servieren Thymian und Lorbeerblatt entfernen.

Laufen und Essen wie Gott in Frankreich – ausgewählte kulinarische Läufe

Als „halber" Franzose möchte Ihnen auch ein paar kulinarische Lauf-Highlights vorstellen, bei denen Sie Laufen und Genießen perfekt kombinieren können.

Mitte Mai
Ort: Damery
Name: La Champenoise
Distanz: 21 km
Telefon: +33/3/26569031
Lauffestival in der Champagne mit vielen kostümierten Läufern. Der Laufkurs umfasst zwei Runden durch kleine Dörfer, in denen Winzer die Läufer mit Champagner beglücken. Die Teilnehmerzahl ist limitiert auf 1500 Läufer. Mit Sicherheit einer der schönsten Läufe in Frankreich.

Mitte Juli
Ort: Jarnac
Name: Le Marathon du Cognac
Distanzen: 10 km, Halbmarathon, Marathon
Telefon: +33/5/45811832
Laufspektakel zwischen den Weinbergen. Hier wird auch der berühmte Cognac hergestellt.
Limit: ca. 1500 Teilnehmer

Anfang September
Ort: Pauillac
Name: Le Marathon des Chateaux du Médoc
Distanz: Marathon
Internet: www.marathondumedoc.com
Anspruchsvolle Strecke, die von zahlreichen, malerischen Weingütern und Schlössern gesäumt wird. Fröhliches Ambiente: Läufer aus ganz Europa laufen kostümiert und lassen sich an den Verpflegungsständen den Bordeaux schmecken.
Limit: ca. 7500 Teilnehmer

Ende November
Ort: La Rochelle
Name: Marathon de La Rochelle
Distanz: Marathon
Internet: www.marathondelarochelle.com
Rund um La Rochelle werden Austern gezüchtet. Jeder Läufer, der das Ziel erreicht, bekommt ein Dutzend der schüchternen Tierchen.
Limit: ca. 5000 Teilnehmer

Im Oktober gibt es noch weitere Läufe im Süden Frankreichs, die „Essen und Trinken" in den Mittelpunkt stellen. Weitere Info unter: www.odice.org

odlo

11. TRAINING UND WETTKAMPF

Wie bleiben Top-Athleten gesund und fit? Mit cleverer Planung, sinnvollem Training und optimaler Regeneration. Denn wer Spitzenleistungen fordert, bewegt sich auf schmalem Grat. Belastung und Erholung müssen in Balance sein. Und ohne ein ausgeklügeltes Ernährungskonzept läuft nichts. Voilà – Profitipps für Bewegungshungrige, Hobbyathleten und Leistungssportler!

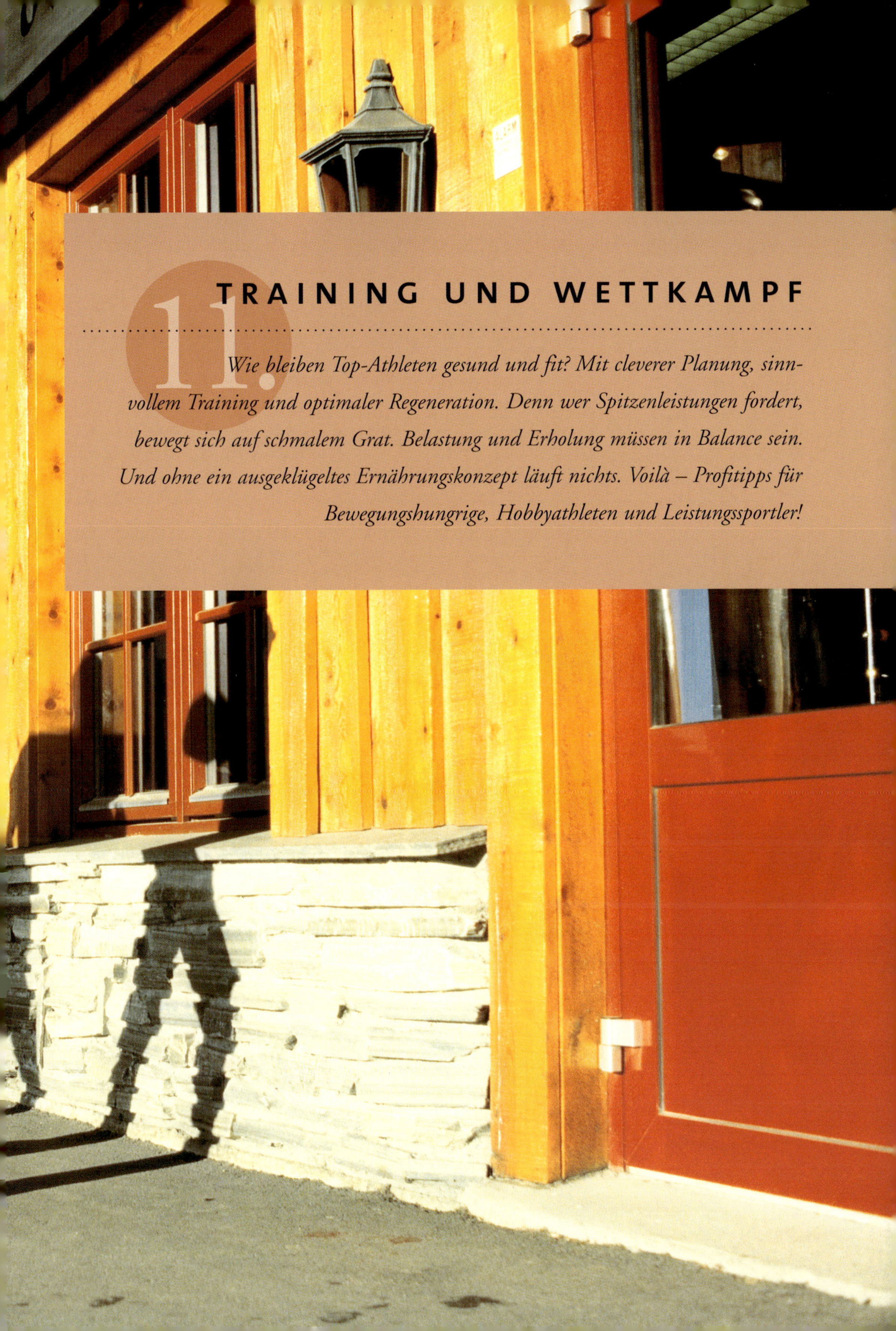

TRAINING UND WETTKAMPF

Gut durchstarten ins Training

Grundsätzlich sollten Sie niemals mit knurrendem Magen trainieren, doch den Organismus vor einer Belastung auch nicht unnötig belasten. Die Gewohnheiten und Erfahrungen der einzelnen Sportler sind unterschiedlich. Wenn ich gleich nach der Arbeit laufe und vorher aus Zeitdruck wenig gegessen habe, verspeise ich noch eine Banane, um nicht hungrig zu starten. Auch wenn ihre Nährstoffe meinem Körper während eines rund einstündigen Laufs nicht zur Verfügung stehen werden, hat mein Magen doch etwas zu tun und hört auf zu lamentieren.

Es gibt Laufkollegen, die feste Kohlenhydrate vor dem Sport nicht vertragen und lieber ein kohlenhydratreiches Getränk zu sich nehmen. Die meisten denken nur an energetische Engpässe durch unzureichende Nahrungszufuhr, vergessen aber während des Tages eine ausreichende Menge Wasser zu trinken. Erinnern Sie sich rechtzeitig daran, dass Wassermangel bei Ihrem Training der entscheidende limitierende Faktor und Spaßverderber sein kann. Hastig heruntergekipptes Wasser kurz vor dem Loslaufen wird während des gesamten Trainings wie ein Swimmingpool in Ihrem Magen herumschwappen und kann Ihnen unangenehmes Seitenstechen bescheren. Sorgen Sie also rechtzeitig vor und trinken Sie rund eine halbe Stunde vor dem Start noch ein großes Glas Wasser schluckweise (etwa 0,5 Liter). Getränke bei einem Lauf unter einer Stunde im Trinkgürtel mitzunehmen, ist nicht nötig. Wenn Sie länger unterwegs sind, sollten Sie eine Trinkflasche dabei haben und nach Ablauf einer Viertelstunde je einen Viertel Liter Flüssigkeit aufnehmen. Bei Hitze müssen Sie entsprechend größere Mengen einkalkulieren und gegebenenfalls Wasser-Depots auf der geplanten Laufroute installieren. Vielleicht kennen Sie auch jemanden, der Sie gerne mit dem Rad begleitet und auch die Funktion des Wasserträgers übernimmt.

Wenn Sie am Arbeitsplatz eine Mittagsmahlzeit einnehmen konnten und nachmittags etwas Obst oder ein paar Vollkornkekse gegessen haben, dürfte Ihnen ein Lauf- oder Walkingtraining gleich im Anschluss an den Arbeitstag nicht schwer fallen. Die Frage „Wie lange sollte meine letzte Mahlzeit zurückliegen, wenn ich unbelastet trainieren will?" kann aber nur von Ihnen selbst beantwortet werden, denn nicht nur geschmackliche Vorlieben, sondern auch Sportlermägen sind nicht vergleichbar. Testen Sie einige Varianten, um eine optimale Zeiteinteilung zu erforschen. Für eine mögliche Wettkampfteilnahme sind Ihre Erfahrungen Gold wert.

Nach dem Lauf ist vor dem Lauf – wie Sie richtig regenerieren

Kein Sport ohne Regeneration. Erholt sich der Körpers nicht, können wir kein wirksames neues Training durchführen und erzielen keine Trainingsfortschritte. Außerdem plündern wir die Ressourcen unseres Organismus und schwächen ihn erheblich. Ganz klar: Was weggewalkt oder -gelaufen wurde, muss wieder ersetzt werden. Beim Training haben wir Kohlenhydrate verbrannt und die Brennstofftanks in den Muskeln – je nach Intensität des Trainings – mehr oder weniger entleert. Bei anstrengenden sportlichen Unternehmungen oder Wettkämpfen haben unsere Glykogen-Speicher zwischen 60 bis 80 % ihres Inhalts verloren. Jetzt gilt es kohlenhydratreiche Nahrung zu verzehren, um den Körper bei der Regeneration zu helfen und neue Glykogenvorräte für kommende Kraftmeiereien anzulegen. Um die Kraftstoffdepots möglichst schnell und effektiv zu füllen, sind Kohlenhydrate mit hohem glykämischen Index (siehe Tabelle und Kapitel S. 79) besonders geeignet. Sie werden erfreulich rasch im Darm aufgenommen und von dort schnurstracks in die Blutbahn geschleust.

Wie regenerieren wir vorbildlich? Raus aus den Laufschuhen und ran an die Trinkflasche, heißt die Devise. Regeneration fängt direkt nach dem Training an, denn das so genannte Kohlenhydratfenster ist in der ersten halben Stunde nach

der letzten Belastung noch sperrangelweit geöffnet. Die Muskulatur kann Nährstoffe in diesem Zeitraum am besten aufnehmen. Doch bis Sie nach dem Training zu Hause angekommen sind und gekocht haben, zeigt sich unser „Fenster" schon erheblich knausriger gegenüber eintretenden Besuchern. Das bedeutet nicht, dass Sie sich auf dem Heimweg an der Tanke schnell einen Schokoriegel schnappen sollen – Fußsportler wie wir haben unseren Après-Lauf-Snack in Form von flüssigen Kohlenhydraten in Premium-Qualität nämlich immer dabei!

Prost! Wenn Sie Ihren Körper erst einmal mit einem optimalen Nährstofftrunk versorgt haben, können Sie sich Zeit lassen. An der Tankstelle noch einen neuen Wunderbaum kaufen, die dicke Harley bewundern, bei Gemüse-Emma schnell ein paar Kräuter kaufen, zu Hause dann gemütlich duschen ... und schließlich eine richtig schöne Mahlzeit zubereiten.

Was befindet sich nun in der Erstversorgungs-Flasche? Sie enthält Maltodextrin – ein Mehrfachzucker z.B. aus der Apotheke – in einer Konzentration von 6–8 g/100 ml (eine 6–8 prozentige Lösung ist optimal). Ich verwende rund 60 g Maltodextrin auf einen Liter Wasser und füge eine Prise Salz sowie einen Schuss Saft für den guten Geschmack hinzu. Sie können auch auf fertige Kohlenhydratgetränke zurückgreifen (z.B. Produkte von Ultrasports und PowerBar). Bei weniger intensiven Einheiten genügt eine Saftschorle vor dem Abendessen

Europameisterschaft 1998 in Budapest – Finale 10 000 m

TIPP: *Mischen Sie Ihren Kohlenhydrattrunk schon morgens, nehmen Sie die Flasche mit und lagern sie im Auto. Nach dem Training können Sie dann sofort danach greifen.*

(2/3 Wasser, 1/3 Fruchtsaft). Eine exotische Variante der beliebten, aber für viele Mägen zu sauren Apfelschorle ist der Ananas-Wasser-Basica-Mix: Mischen Sie Wasser mit Ananassaft im Verhältnis 2:1 und rühren Sie 1–2 Löffel Basica Granulat unter.

Ich habe während meiner Zeit als Spitzensportler nach harten Einheiten oft eine Mischung aus Proteinen und Kohlenhydraten zu mir genommen. Dass es die richtige Mixtur war, bestätigt auch eine Studie aus Texas. Forscher der University of Texas fanden heraus, dass Muskelglykogen durch Nahrungszufuhr in der ersten halben Stunde nach Ende der sportlichen Belastung am besten wieder aufgebaut wird. „Nach 45 Minuten bereits sprechen die Muskeln deutlich schwächer auf die Insulinwirkung an, bis die Zellen nach etwa zwei Stunden völlig insulin-resistent geworden sind“, fasste Robert Portman, Mitglied der Forschungsgruppe, die Ergebnisse zusammen. Protein- und Kohlenhydratgaben in einem Sportgetränk waren eindeutig am besten geeignet, um die Insulinabgabe zu stimulieren und für eine rasche Erneuerung des Glykogens zu sorgen.

Auftanken nach dem Training

Trinken Sie nach dem Training sofort, aber niemals hastig.
Ihr Getränk sollte nicht zu kalt sein.
Wenn Sie kein Kohlenhydratgetränk mögen oder dabei haben, können Sie auch klares Wasser trinken und danach etwas Obst (z.B. einen mineralstoffreichen Apfel) essen. Zu Hause sollten Sie dann aber so schnell wie möglich eine kohlenhydrat- und eiweißreiche Mahlzeit zu sich nehmen.

Mit Frank Rosins Carbo Loading-Kartoffelsuppe fit in den Marathon

Dieses Süppchen hat sich unser Sternekoch für alle „hibbeligen" Läuferinnen und Läufer des Karstadt RuhrMarathons ausgedacht. Merke: Suppe löffeln beruhigt und macht stark!

Zutaten für 10 Personen:
1,5 Liter Gemüsebrühe
400 g geschälte Kartoffeln
150 g fein geschnittenes Suppengemüse
(z. B.: eine Schalotte, Lauch, Karotte, Staudensellerie)
100 g Rahm oder Creme fraiche
20 g geschnittener Ingwer
50 g Bach- oder Brunnenkresse
grobes Meersalz, weißer Pfeffer aus der Mühle, Zucker, Muskat

Kartoffeln in fingergroße Würfel schneiden. Mit der Hälfte des Gemüses und dem Ingwer in einem Topf mit Olivenöl anschwitzen. Mit Salz, Pfeffer, Muskat und einer Prise Zucker leicht würzen. Mit der Brühe auffüllen und kochen, bis die Kartoffeln gar sind.
Die Hälfte der Kartoffelwürfel entnehmen und beiseite stellen.
Die Kartoffelsuppe mit einem Stabmixer so zerkleinern, dass die Suppe noch kleine Bröckchen hat.
Nun die andere Hälfte der Kartoffeln mit dem restlichen Gemüse dazugeben und alles noch einmal abschmecken. Ein paar Tropfen Zitronensaft hinzufügen.

Essen und Trinken im „Ernstfall": Gut gerüstet in den Wettkampf

Der Countdown läuft – ein Wettkampf steht vor der Tür. In den Tagen vor Ihrem großen Auftritt sollten Sie darauf achten, dass Ihre Mahlzeiten viele Kohlenhydrate enthalten. Diesen Ratschlag nehmen besonders nervöse und pflichtbewusste Wettkampf-Neulinge gern allzu genau: An üppigen Pasta-Party-Büffets werden sensible Sportlermägen zuhauf außer Gefecht gesetzt. Merke: Entscheidend ist nicht, was Sie am Abend vor dem Wettkampf zu sich nehmen, sondern die Nahrungszusammenstellung der gesamten Woche. Und noch etwas: Meiden Sie Alkohol vor einem Wettkampf, denn er wirkt entwässernd. Gegen ein Beruhigungsbierchen ist jedoch nichts einzuwenden, wenn Sie dadurch besser einschlafen können.

Verzehren Sie am Tag vor dem Rennen nur leicht Verdauliches und verzichten Sie auf kulinarische Experimente. Ich persönlich favorisiere Kartoffeln, weil sie mehr Mineralstoffe als Nudeln enthalten. Ruhe und ausreichender Schlaf sind wesentliche Bestandteile der Wettkampfvorbereitung. Wichtig ist die Aufnahme einer möglichst großen Menge klaren, kohlensäurefreien und schwach mineralisierten Wassers (z.B. Leitungswasser in guter Qualität oder „stilles" Wasser wie Volvic, Vittel oder eine gute Quelle aus Ihrer Nähe).

Auch wenn Ihnen am Tag vor dem Wettkampf noch der Wundertrunk X und das Elektrolytpulver Y empfohlen werden – verlassen Sie sich immer auf Altbewährtes! Ihr Wettkampfgetränk – und gegebenenfalls Ihre feste Wettkampfnahrung – muss nicht nur gut schmecken, sondern von Ihrem Magen auch gut vertragen werden. Die Probephase für die Tauglichkeit eines neuen Sportgetränks, Gels oder Riegels ist das Training. Greifen Sie während des Rennens niemals zu unbekannten Getränken. Auch wer im Wettkampf mit Salzen und Mineraltabletten experimentiert, kann böse Überraschungen erleben: Steigt die Salzkonzentration im Darm übermäßig, leidet der Läufer schnell unter Durchfall, denn das während des Rennens konsumierte Wasser strömt nun direkt in den Verdauungstrakt.

Ich werde oft gefragt, ob es bei einem längeren Wettkampf oder Training nicht notwendig sei, etwas zu essen. Die Energiedepots des Menschen reichen bei einem guten Trainingszustand für eine Belastung von etwa 45 Minuten aus. Dauert ein Wettkampf jedoch länger und handelt es sich beispielsweise um einen Marathonlauf, sollten Sie frühzeitig damit beginnen, Flüssigkeit zu sich zu nehmen. Besonders dann, wenn Sie bei warmem Wetter unterwegs sind. Trinken Sie in jedem Fall lange bevor sich ein Durstgefühl bemerkbar macht, denn Wassermangel wird Ihre Leistungskurve dramatisch absinken lassen und kann Ihnen grässliche Muskelkrämpfe bescheren.

Gehen Sie beim Thema „Trinken" also planmäßig und besonnen vor. Es empfiehlt sich, eine Trinkflasche mit zum Start zu nehmen, denn bei großen Stadtmarathons müssen Sie oft bis zu einer Stunde in Ihrer „Startnummernbox" warten, bis es endlich losgeht. Dann dauert es noch eine ganze Weile, bis Sie nach fünf Kilometern die erste Verpflegungsstation erreichen. Kleine Schlucke (z.B. Mineralwasser ohne Kohlensäure) reichen, denn der Magen kann in einer Viertelstunde nur 200 – 250 ml verarbeiten. Die Flasche können Sie dann beim Start wegwerfen.

London-Marathon '97

Flüssige 42,195 km

Meine verpflegungstechnische Wettkampfstrategie begann früh: Am Abend vor einem Marathon wurde ich regelmäßig als Marathon-Drink-Mixer tätig und habe mir ein Kohlenhydratgetränk mit einem Anteil von 40–50 g Kohlenhydraten in Form von Maltodextrin (160–200 Kcal) zubereitet. Das Spezialgebräu habe ich nachts, wenn ich aufgewacht bin, getrunken. Das klingt ungewöhnlich, war für mich aber leicht zu bewerkstelligen, da ich vor Wettkämpfen sowieso unruhig schlafe. Mein Motto: Wer nicht in anderen Sphären herumturnt, kann sich ebenso gut damit beschäftigen, seinen Kalorien-Grundumsatz auszugleichen. Schließlich verbrauchen wir auch beim Nichtstun, z.B. beim Schlafen, Energie! Und die Speicher sollten beim Start optimal gefüllt sein. Auf flüssige Nahrung griff ich auch morgens vor dem Lauf zurück, da ich meinen Magen nicht unnötig belasten wollte. Auch nach vielen Leistungssportjahren war ich jedes Mal sehr nervös.

Ich werde oft gefragt, was Spitzenläufer in ihren Getränkeflaschen haben, aus denen sie alle 5 km einen Schluck nehmen. Bei den meisten ist es eine Kohlenhydratmischung, deren Zusammensetzung sich nach der Temperatur der Umgebung richtet. Bei Temperaturen über 20 Grad reduzieren Sie die Konzentration der Mixtur auf 4–5 %, ist es kühl und unter 10 Grad, kann sie bis zu 8 % betragen. Wie errechnen Sie nun die ideale Mischung? Für die Grundmixtur lösen Sie in einem Liter Wasser beispielsweise 70 Gramm Maltodextrin auf und erreichen damit eine 7-prozentige Kohlenhydratlösung. Diese verteilen Sie auf fünf Trinkflaschen, in die Sie jeweils 250 ml füllen. Nun brauchen Sie die Flaschen nur noch an den Verpflegungsstellen bei Kilometer 5, 10, 15, 20 und 25 deponieren und ihren Inhalt nach jeweils fünf Kilometern auch gewissenhaft konsumieren.

Als ich 1997 beim London-Marathon mit 2:11:26 Std. Bestzeit gelaufen bin, habe ich auf den ersten 25 Kilometern eine 6-prozentige Kohlenhydratmischung zu mir genommen (60 g Maltodextrin auf einen Liter Wasser – 250 ml in fünf Flaschen, die alle 5 km auf mich warteten), der ich in jeder Flasche

Manche Spitzenläufer verpflegen sich auch mit PowerGels, die sie mit einer Sicherheitsnadel an der Sporthose befestigen und während des Laufs zu sich nehmen. Entscheiden Sie sich dafür, sollten Sie nach dem Ausdrücken der Folie unbedingt Wasser trinken, da die Konzentration sonst zu hoch ist und das Gel unangenehm süß schmeckt.

auch eine Prise Salz hinzufügte. Ab Kilometer 30 trank ich aus Flaschen, die je zur Hälfte Maltodextrin und Cola enthielten, um mir noch einen „Kick“ zu geben. Bitte verwenden Sie die klassische Cola mit Zucker und lassen Sie die Kohlensäure zuvor restlos entweichen.

Mehr Kühlung und Power mit Glycerin?

Einige Studien aus den achtziger und neunziger Jahren belegen die positive Wirkung von Glycerin auf die Wettkampfleistung von Marathonläufern. Es wurde festgestellt, dass die Einnahme von Glycerin vor allem bei Temperaturen über 20 Grad Celsius den Wasserverlust durch die Nieren reduziert. Durch Osmose wird Wasser mithilfe von Glycerin in und zwischen die Körperzellen eingeschleust. Das auf diese Weise zusätzlich gebildete Wasserreservoir hilft dabei, die ansteigende Körpertemperatur zu bremsen, stützt den Kreislauf und hält die Herzfrequenz niedrig. Der Körper wird quasi „innerlich“ mit Wasser gekühlt, und der Athlet kann über längere Zeit ein hohes Tempo laufen. Ich habe Glycerin in zahlreichen Wettkämpfen verwendet – z.B. bei den Spielen in Atlanta, die 1996 bei sehr hohen Temperaturen stattfanden – und positive Ergebnisse erzielt. Ich begann zwei Stunden vor dem Start zu jeder Viertelstunde 150–200 ml der Lösung zu trinken. Die exakte Mischung berechnete ich mit der Formel 0,8 ml Glycerin pro kg Körpergewicht mal 21 ml Wasser pro kg Körpergewicht.

Für einen 60 kg schweren Läufer bedeutet das: 60 x 21 ml = 1260 ml Wasser plus 60 x 0,8 ml = 48 ml Glycerin. Glycerin ist eine natürliche Substanz, die Sie in jeder Apotheke erwerben können. Sie kann ausschließlich mit Wasser vermischt aufgenommen werden.

Wissenschaftler haben herausgefunden, dass ein Anstieg der Körper-Grundtemperatur eine Verminderung der Leistungsfähigkeit bewirkt. Daraus schließen sie, dass die Leistungsfähigkeit eines Athleten über längere Zeit erhalten bleibt, wenn die Körper-Grundtemperatur möglichst niedrig gehalten wird. Aus diesem Grund habe ich mich 1996 bei den Olympischen Spielen in Atlanta entschlossen, 90 Minuten vor meinen Wettkämpfen ein 10-minütiges Eisbad zu nehmen. Ich erinnere mich noch gut, dass ich damals Damian Kallabis zu einer Tankstelle schickte, um mir mehrere Kilo in Plastik verpackte Eiswürfel

Verschaffen Sie sich auch während des Wettkampfes regelmäßig Kühlung. Trinken Sie so viel wie möglich und greifen Sie – wann immer die Gelegenheit besteht – zu feuchten Schwämmen, mit denen Sie Kopf, Arme und Beine erfrischen. Die beiden Grafiken veranschaulichen den Zusammenhang zwischen Herzfrequenz und Flüssigkeitszufuhr bzw. Kühlung.

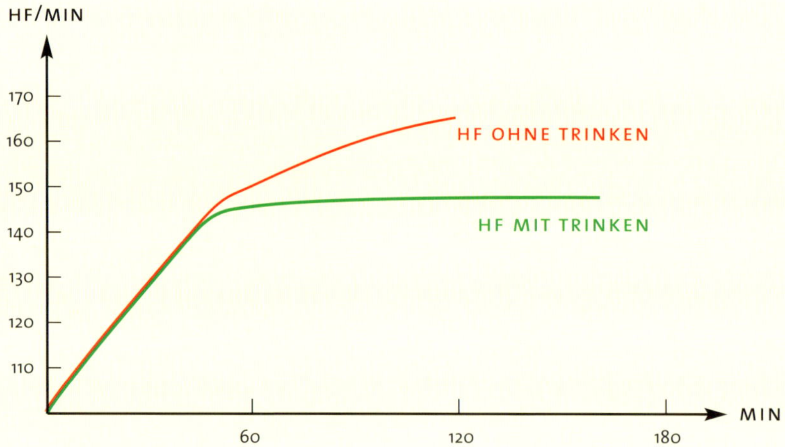

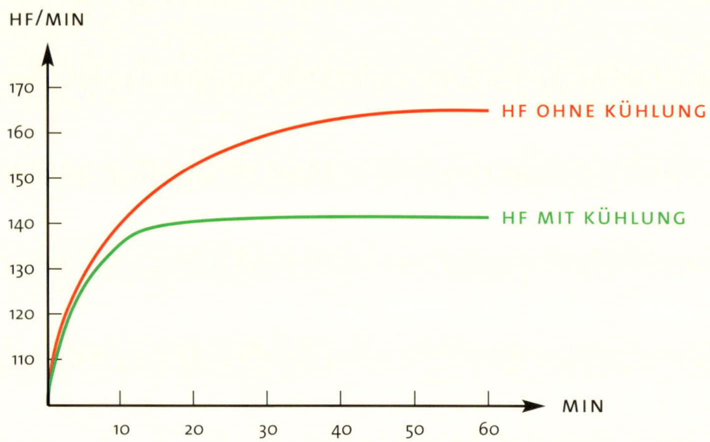

Die „Eiswanne" von Atlanta 1996.

zu besorgen. Die ersten zwei Minuten in der antiken Wanne meiner angemieteten Villa waren die Hölle – dann habe ich nicht mehr viel gespürt. Weitgehend tiefgekühlt joggte ich die 400 m zum Einlaufplatz und fühlte mich wie der Entdecker einer Wunderformel, bis ich meine australischen Laufkollegen sah: Sie liefen sich in klobigen Westen warm, in denen keine Gewichte steckten, sondern mit Eis gefüllte Akkus! Diese Idee hatte ich eigentlich auch gehabt, entschied mich aber letztlich für die schneller umsetzbare und etwas „härtere" Variante in der Wanne. Es wirkte so gut, dass ich insgesamt fünfmal im Eis gebadet habe: Am 26.07. im 10.000-m-Vorlauf, am 29.07. im 10.000-m-Finale, am 31.07. im 5.000-m-Vorlauf, am 1.8. im 5.000-m-Halbfinale und schließlich am 3.08. im 5.000-m-Finale. 35 km oder 87,5 Runden im Olympiastadion und dabei der einzige Athlet, der beide Finalläufe erreichte – für mich waren das anstrengende, aber auch unvergessliche neun Tage.
Auch bei den Olympischen Spielen in Athen 2004 haben viele Ausdauer-Athleten einfallsreiche Methoden angewandt, um ihre Körper-Kerntemperatur in der Sommerhitze nicht zu stark ansteigen zu lassen.
Generell gilt: Verschaffen Sie sich auch während des Wettkampfs regelmäßig Kühlung. Trinken Sie so viel wie möglich und greifen Sie – wann immer die Gelegenheit besteht – zu feuchten Schwämmen, mit denen Sie Kopf, Arme und Beine erfrischen. Auf den nachfolgenden Grafiken ist der Zusammenhang zwischen ansteigender Körper-Grundtemperatur und sportlicher Leistungsfähigkeit deutlich zu erkennen.

Darf's ein bisschen mehr sein? Nahrungsergänzungsmittel unter der Lupe

Vorbeugend einfach eine Prise mehr nehmen? Ist es möglich, Mangel mit einem Überangebot auszugleichen? Oft werden Mineralstoffe in Form von Brausetabletten oder Pulver vorbeugend eingenommen, doch wer sich für Prophylaxe entscheidet, sollte wissen, dass das Gleichgewicht zwischen Spurenelementen und Mineralstoffen (Makromineralien) sehr sensibel ist. Die Einnahme eines Nahrungsergänzungspräparates kann einen negativen Eingriff in den Mineralhaushalt des Körpers bedeuten und geht oft zu Lasten Ihres Geldbeutels: Wer die Zufuhr eines Stoffes erhöht, sollte sich bewusst sein, dass er damit die Aufnahme eines anderen reduziert. Bekanntestes Beispiel: Die Kontrahenten Kalzium und Magnesium. Eine zusätzliche Kalziumgabe blockiert die Magnesiumaufnahme, ein wiederholt einverleibtes Magnesiumpülverchen behindert die Aufnahme von Kalzium. Auch das zur Stabilisierung des Immunsystems in arbeitsintensiven Zeiten empfohlene kleine „Extra" an Zink hat – als Überdosis über einen längeren Zeitraum konsumiert – die gegenteilige Wirkung und behindert außerdem die Aufnehme von Kupfer. Quintessenz: Substitution ist eine Gratwanderung und nur dann für einen überschaubaren Zeitraum sinnvoll, wenn eine ernste Mangelerscheinung medizinisch nachgewiesen werden

kann. Nahrungsmittelergänzung ist für mich als Hobbysportler nur selten ein Thema. Wer sich vollwertig ernährt und auf frische Produkte mit einem hohen Nährstoffgehalt Wert legt, wird in der Regel nicht unter Mangelerscheinungen leiden. Als ich während meiner Zeit als Spitzensportler jedoch 12–18 mal pro Woche trainiert habe, war es trotz ideal zusammengestellter Mahlzeiten schwer, zeitweise nicht möglich, ohne Substitute (z.B. Magnesium, Eisen, und diverse Vitamine) auszukommen.

Tipp: Um das Immunsystem im Winter zu stabilisieren, sollte verstärkt auf die Zufuhr vitaminhaltiger Lebensmittel geachtet werden. Obst und Gemüse weisen die höchste Nährstoffdichte unserer Lebensmittel auf. In größeren Mengen sind vor allem Vitamin C, Folsäure, Pantothensäure, Vitamin B2 und Carotinoide (Provitamin A) enthalten. Gerade im Winter greifen viele Athleten aus Bequemlichkeit oder zur Absicherung gerne zur Brausetablette oder Vitaminpille. Doch ist eine Substitution nur dann sinnvoll, wenn sich bereits Mangelerscheinungen bemerkbar machen oder Sie sich etwa zwei Wochen vor einem wichtigen Lauf (z.B Marathonlauf) befinden und Ihre Immunabwehr verstärken wollen. Ein Kombipräparat mit Vitamin C plus Zink bietet sich an. Natürliche Vitamine, wie sie in Obst, Gemüse und Vollkornprodukten enthalten sind, sollten jedoch grundsätzlich bevorzugt werden, denn sie sind eingebettet in Substanzen (z.B. Flavoide), die ihnen bei der Arbeit für ein starkes Immunsystem helfen. Mit einer frischen und ausgewogenen Wintermahlzeit schleusen Sie also einen genialen, multiaktiven „Powerpack" – ein komplexes Wirkstoffnetz – in Ihren Organismus.

Konventionell oder skandinavisch? Mein Experiment mit der Saltin-Diät

In der Woche vor einem Marathon gilt es, die Kohlenhydratspeicher so gut wie möglich zu füllen. Um die effektivste Methode zu finden, habe ich einige Experimente gewagt. Die für Körper und Geist härteste Prozedur ist die so genannte Saltin-Diät, die der schwedische Wissenschaftler Bengt Saltin wohl in einem Moment der Berufsverdrossenheit erfand. Mit einem längeren, intensiven Lauf am Sonntag werden die Kohlenhydratspeicher des Athleten fast vollständig entleert. Bis Mittwochvormittag steht eine kohlenhydratarme Ernährung mit viel Eiweiß und etwas Fett auf dem Programm. Am Mittwochvormittag erfolgt eine letzte Trainingsbelastung (4–5 km im Marathon-Renntempo), und gleich anschließend werden fast ausschließlich Kohlenhydrate gegessen (Reis, Pasta, Bananen, Brot und flüssige Kohlenhydrate, wie oben beschrieben, direkt nach dem Training). Der Körper „lechzt" dann regelrecht ›

nach Kohlenhydraten und saugt sie wie ein trockener Schwamm auf. Läufer nehmen hierbei auch ein paar Pfunde zu, denn zusammen mit den Kohlenhydraten wird ja auch Wasser eingelagert.

Die Saltin-Diät war für mich eine unbeschreibliche Tortur, weshalb ich sie auch nur einmal vor dem Fukuoka-Marathon in Japan durchgeführt habe (1995, 2:14 Std.).Von Sonntag bis Mittwochvormittag wurde ich ohne Kohlenhydrate fast wahnsinnig, fühlte mich schlapp, kraftlos und unfähig, den anstehenden Marathon zu bewältigen. Die „skandinavische Foltermethode für Masochisten" hat mich auch psychisch angeschlagen und kostete sehr viel Überwindung. Zu guter Letzt lässt Ihnen auch mein Magen ausrichten, dass er die extremen Eiweiß- und Fettmengen als größte Zumutung seines Lebens empfand und im Falle einer Wiederholung in den Streik treten wird.

Hat Sie mein Beispiel abgeschreckt? Natürlich können Sie die Saltin-Diät auch selbst einmal ausprobieren. Kommen Sie nicht damit zurecht, wählen Sie vor dem nächsten Wettkampf eine verträglichere Variante. Ich zog es während meiner Wettkampfzeit vor, in der Woche vor dem Marathon ab Mittwoch verstärkt Kohlenhydrate zu konsumieren. Etwa 70–75 % der Ernährung sollte bei dieser konventionellen Methode aus Kohlenhydraten bestehen (10 % Fett und etwa 15 % Eiweiß), die Trainingsbelastung gering sein. Mit der moderaten Vorgehensweise füllen Sie Ihre Glykogenspeicher ausreichend auf und bleiben von negativen Begleiterscheinungen verschont. Wer regelmäßig lange Dauerläufe, aber auch intensive Läufe absolviert, und seine Gykogendepots direkt im Anschluss aufgefüllt hat, wird sich ohnehin auf eine vergrößerte Speicherkapazität stützen können.

André Lange, Bobpilot

Powerfood von Mr. Cool Hand:
André Lange mag Spaghetti klassisch

André Lange, Olympiasieger 2002 und mehrfacher Weltmeister im Bobfahren, liebt den Rausch der Geschwindigkeit. Sein Spitzentempo im Bob: 146,5 Stundenkilometer, und das in einem engen Kurven-Labyrinth. Schnell zugehen muss es auch in der Küche, sagt der Thüringer, der mit seiner Familie (Freundin Mandy, Tochter Sarah-Marie und Söhnchen Malik) in Suhl lebt: „ Ich habe nicht viel Zeit, und wenn ich schon mal koche, dann sollte es ruckzuck gehen. Spaghetti Bolognese sind schnell gemacht – und ich esse sie für mein Leben gern."
Das einzige womit man ihn jagen kann? Fisch!

André Lange zum Thema „Fisch":
„Mit Fisch kann man mich jagen, isst jemand Fisch am Tisch, stehe ich auf und verlasse den Raum. Ich kann den Geruch und den Geschmack von Fisch absolut nicht leiden. Mein Leben lang werde ich mich beim Thema ‚Fisch' an den Flug nach Montreal zu den Bob-Weltmeisterschaften 2003 in Lake Placid erinnern. Dort saß ich nicht nur eingepfercht zwischen meinen beiden Kollegen und Anschiebern, René Hoppe und Carsten Embach, sondern auch eine Reihe vor dem Notausgang, so dass ich den Sitz nicht einmal nach hinten klappen konnte. Als schließlich das Essen serviert wurde, gab es nicht mehr Hühnchen oder Fisch, sondern nur noch Fisch. Ich hockte da wie auf der Folterbank, um mich herum nur grauenvoller Fischgeruch!
Erstaunlich, dass die Crew mit einem traumatisierten Steuermann nicht nur den WM-Titel im Zweierbob gewann, sondern auch noch den Sieg im Viererbob holte."

SPAGHETTI BOLOGNESE À LA ANDRÉ LANGE

(für 4 Personen)

ZUTATEN:

250 g Hackfleisch
ein EL Olivenöl
Salz Pfeffer Zucker
2 Möhren
2 Zwiebeln
eine Knoblauchzehe
400 g Tomaten in Stücken (z.B. Oro di Parma)
ein halber Gemüsebrühwürfel
250 g Spaghetti

ZUBEREITUNG:

Das Hackfleisch in Olivenöl anbraten, ab und zu umrühren und anschließend salzen.

Die Möhren putzen und fein würfeln. Zwiebeln in Ringe schneiden. Alles zusammen mit den Tomaten zum Hackfleisch geben und zugedeckt rund 10 Minuten mitschmoren lassen.

Die Hackfleischsoße mit etwas Wasser ablöschen, mit dem Brühwürfel, Salz, Pfeffer und einer Prise Zucker abschmecken. 5 Minuten weiterköcheln lassen. Die Spaghetti in Salzwasser garen, abtropfen lassen und mit der Soße servieren.

ORO
PARMA
TOMATEN
Stückig

12.

MIT FRANK ROSIN DURCH DEN WINTER

Wir pfeifen auf Minusgrade, denn der Winter ist eine herrliche Jahreszeit für alle, die sich gern vielseitig bewegen. Ohren unter der Mütze verpacken und los geht's! Bewegung macht auch an dunklen Tagen gute Laune, hält Sie warm und stärkt das Immun-system. Gesund und fit machen auch Mahlzeiten aus vitaminreichem Wintergemüse: Rote Bete und Sellerie, Feldsalat, gelbe Butterrüben, grüner Wirsing , Kohlköpfe ...

ORANGEN- SAUERKRAUT MIT GRATINIERTEM ZIEGENKÄSE *(für 4 Personen)*

ZUTATEN:

800 g Sauerkraut (z.B. Mildessa von Hengstenberg)
4 Orangen (ungespritzt)
ein Lorbeerblatt
2 Nelken
4 TL gehobelte Mandelkerne
ein TL frisch gezupfter Thymian
4 kleine runde Ziegenkäse (zu je ca. 50 g)
Salz, Pfeffer, Zucker

ZUBEREITUNG:

Mit einem Sparschäler die Schale von zwei Orangen dünn entfernen, evtl. das bitter schmeckende Weiße der Schale entfernen. Alle Orangen auspressen. Das Sauerkraut in einen passenden Topf geben, Lorbeerblatt, Nelken, Orangensaft und Schale zugeben, mit Salz und relativ viel Zucker würzen und mit geschlossenem Deckel ca. 20–30 Minuten dünsten.

Ziegenkäse in eine feuerfeste Form legen, Mandelblätter darüber streuen. Unter dem heißen Grill oder bei höchster Temperatur im Backofen ca. 3 Minuten gratinieren. Mit Thymian bestreuen und mit gemahlenem Pfeffer. Aus dem Orangenkraut die Schale, Lorbeer und Nelke entfernen und sofort mit dem Ziegenkäse servieren.

Hengstenberg
Mildessa
Mildes
Wei sauerkraut

BRUSCHETTA MIT RUCOLA UND PINIENKERNEN *(für 4 Personen)*

ZUTATEN:

4 Sträuße Rucola
4 EL Pinienkerne
6 EL Olivenöl
grobes Meersalz, Pfeffer aus der Mühle
100 g Parmesan
4 Scheiben Landbrot oder Steinofenbrot
2–3 EL Balsamico-Essig
Salz, Zucker, Pfeffer

ZUBEREITUNG:

Pinienkerne in einer Bratpfanne langsam rösten, Rucola waschen, die Stiele entfernen, in eine Schüssel geben und mit dem Balsamicoessig, Olivenöl und den Pinienkernen einen schönen Salat anmachen. Mit Salz, Pfeffer und etwas Zucker würzen.

Das Brot in halbe Scheiben schneiden und in einer Pfanne von beiden Seiten etwas rösten. Den angemachten Salat darauf anrichten. Wer möchte, kann ihn mit etwas gehobeltem Parmesankäse vollenden.

ROTE-BETE SPRINTER

(für 4 Personen)

ZUTATEN:

300 g Rote Bete
2–3 EL Weinessig
2 EL Olivenöl
0,4 l Gemüsebrühe
Salz und Pfeffer aus der Mühle
eine Schalotte

ZUBEREITUNG:

Die Rote Bete in Salzwasser ca. 15 Minuten kochen, von der Haut befreien und in Würfel schneiden. Schalotten in Würfel schneiden und in Olivenöl glasig anschwitzen. Weinessig und Olivenöl dazugeben und die Rote Bete mit den restlichen Zutaten mixen. Achten Sie darauf, dass das Getränk nicht zu dickflüssig wird. Gleichen Sie ggf. die Konsistenz mit Gemüsebrühe aus.

ROTE-BETE-SALAT MIT JOGHURT-NUSS DRESSING *(für 4 Personen)*

ZUTATEN:

750 g junge Rote Bete
je ein EL Sonnenblumen- und Nussöl
Salz und Pfeffer aus der Mühle
eine Prise Kreuzkümmel
ein TL Honig
2 EL Sonnenblumenkerne
Saft und Abrieb von einer Limette
160 g Joghurt
eine halbe geschälte Knoblauchzehe

ZUBEREITUNG:

Rote Bete schälen und in feine Stifte schneiden. Bei schwacher Hitze in Sonnenblumenöl ca. 3 Minute dünsten. Mit Salz, Pfeffer, Kreuzkümmel und Honig abschmecken, dann abkühlen lassen.

Sonnenblumenkerne in einer Pfanne ohne Fett goldgelb rösten.

Saft und Schale der Limette mit dem Joghurt verrühren, Knoblauchzehe dazupressen und mit Salz und Pfeffer abschmecken. Sonnenblumenkerne hinzufügen und über die Rote Bete streuen.

POULARDENBRUST IN KOKOSPANADE

(für 4 Personen)

ZUTATEN:

600 g Poulardenbrustfilet
50 g Kokosraspel
ein EL Semmelbrösel
ein EL Mehl
eine kleine rote Chilischote
eine Limette
ein Ei
3 große rote Paprikaschoten
125 g Schalotten
eine reife Papaya
4 EL Sonnenblumenöl
eine Nelke
eine Prise Kreuzkümmel
eine Prise Muskat
eine Prise Zucker

ZUBEREITUNG:

Poulardenbrust in 4 Portionen teilen und kalt stellen. Kokosraspel, Semmelbrösel und Mehl in einen tiefen Teller mischen. Chilischote waschen, entkernen und fein hacken. Die Limette dünn schälen, die Schale in feine Streifen schneiden und mit dem Chili und der Kokosmischung vermengen. Ei in einem Teller verquirlen, die Filetstücke würzen, erst durch das Ei ziehen und dann durch die Kokosmischung. Limette auspressen. Paprika putzen, waschen und klein schneiden. Schalotten schälen und halbieren. Papaya schälen, halbieren und entkernen, Fruchtfleisch würfeln.

Paprika und Schalotten in Öl andünsten, mit Limettensaft ablöschen mit Salz und den anderen Gewürzen würzen. Das Ganze ca. 6 Minuten dünsten lassen. Die Poulardensteaks in einer Pfanne von beiden Seiten gut anbraten und im Backofen bei Umluft ca. 8 Minuten bei 170°C zu Ende garen. Derweil die Papaya zum Gemüse geben und 2 Minuten schmoren lassen. Mit Salz und Pfeffer abschmecken. Gemüse mit den Steaks auf einem Teller anrichten.

HASELNUSSWAFFELN MIT RAUCHLACHSSCHMAND *(für 4 Personen)*

ZUTATEN:

150 g Rauchlachsfleisch
2 EL gehackter Dill
1 TL körniger Senf
4 EL Schmand (24 % Fett)
2 EL Vollmilchjoghurt
Pfeffer aus der Mühle
Salz
50 g Zucker
75g weiche Butter
2 Eier
90 g Mehl
50 g gemahlene Haselnüsse
ein gestrichener TL Backpulver
50 ml lauwarme Milch

ZUBEREITUNG:

Lachsfleisch fein hacken und mit Dill, Senf, Schmand und Joghurt sowie mit Salz und Pfeffer abschmecken.

Eier trennen und Eigelb unter die Butter rühren. Mehl, Haselnüsse und Bakkpulver mischen, im Wechsel mit der Milch unterrühren. Eiweiß und eine Prise Salz steif schlagen und unterheben. Aus dem Teig mit einem Waffeleisen knusprige Waffel backen und mit dem Lachsschmand bestreichen.

MANDARINEN-MOUSSE

(für 4 Personen)

ZUTATEN:

9 Mandarinen
165 g (braunen Würfel-) Zucker
ein TL Vanillezucker
4 Blätter Gelatine (oder Agar-Agar)
300 g geschlagene Creme fraiche

ZUBEREITUNG:

Die Schale der Mandarinen und der Zitrone mit Würfelzucker abreiben, die Früchte anschließend auspressen.
Den Saft mit dem Würfelzucker erhitzen bis der Zucker sich aufgelöst hat. Der Saft darf nicht kochen!
Danach die eingeweichte Gelatine hinzufügen und die Flüssigkeit unter Rühren erkalten lassen bis sie anzieht.
Die zuvor steif geschlagene Creme fraiche vorsichtig unterheben. In einem Glas oder einem tiefen Teller kalt stellen.

Agar-Agar – die pflanzliche Alternative zu Gelatine

Wenn es stichfest oder cremig werden soll, enthalten traditionelle Rezepte für Süßspeisen, Fruchtaufstriche, Torten und Pasteten oft Gelatine. Doch zum weit verbreiteten „Klassiker" aus Schwarten, Knochen und Tierhäuten gibt es eine starke pflanzliche Alternative: Agar-Agar (z.B. von Brecht Gewürzmühle GmbH) lässt sich problemlos sowie äußerst sparsam in süßen und pikanten Speisen verarbeiten. Agar-Agar ist Malaiisch und bedeutet „gelierendes Lebensmittel aus Algen". Im Gegensatz zu Gelatine werden Speisen mit der pflanzlichen Stärke erst beim Abkühlen fest, doch die Gelierkraft ist hervorragend und völlig unabhängig von Zusätzen wie Zucker. Daher kann die Süße der Speisen, z.B. mit Honig oder Birnendicksaft, nach individuellem Geschmacksempfinden variiert werden. Agar-Agar ist das ideale Geliermittel für experimentierfreudige Hobbyköche und punktet mit Benutzerfreundlichkeit: Eine missratene Speise kann durch wiederholtes Erhitzen „korrigiert" werden.
***Dosierung:** 6 Blatt Gelatine entsprechen einem gestrichenen Teelöffel Agar-Agar. Die berechnete Menge Agar-Agar muss in etwas Flüssigkeit rund ein bis zwei Minuten aufgekocht werden. Enthalten Rezepte keine Zutaten, die mit Agar-Agar aufgekocht werden können, statt 6 Blatt Gelatine einen gestrichenen Teelöffel Agar-Agar mit 150 ml Wasser, Saft oder Milch aufkochen und mit allen weiteren Zutaten vermischen.*

13.

FIT UND SCHLANK OHNE DIÄTEN

Diäten sind langweilig, grausam und immer erfolglos. Das können Sie ändern, indem Sie damit aufhören, temporär zu hungern oder kuriose Dinge zu futtern. Mit vollwertiger Ernährung und viel Bewegung starten Sie durch in ein Leben, das wieder rundum Spaß macht. Weil Ihr Körper Ihr bester Freund ist und Sie sich in ihm wohlfühlen. Und lecker essen dürfen Sie auch!

FIT UND SCHLANK OHNE DIÄTEN

Wie Sie Ihr Wunschformat erreichen

Wir haben's nicht leicht: Berufliche Zwänge, eine unermüdliche tickende Uhr und sperrige private Verpflichtungen (ich mag Frauen und Kinder!) stehen uns bei der Verwirklichung eines entspannten, sportiven Tages im Weg wie ein stiernackiger, breitschultriger Kerl vor der Diskothekentür. Solange es noch keine staatlich verordneten Fitness- und Erholungspäuschen gibt – ich würde Sie als Gesundheitsminister sofort einführen! – müssen wir uns Freizeit dezent erkämpfen. Vorsicht und Rücksichtnahme sind angesagt, wollen wir nicht als Egoisten gelten oder den Job verlieren. Meist sendet der Körper schon stundenlang Signale, bis wir endlich reagieren (dürfen), doch wer kann schon vom Schreibtisch aufspringen und seinem Vorgesetzten erklären, dass es jetzt Zeit ist, die Beine etwas zu lockern und frische Luft zu schnappen?

Unnatürliche Rhythmen schleichen sich auch bei der Nahrungsaufnahme ein und unterhöhlen unseren körperlichen – und geistigen – Gesamtzustand noch mehr: Keine Zeit, etwas zu essen – nur einen Happen greifen und dann weiter

hasten – und abends dann ganz gemütlich Pfunde anfuttern. Fazit: Bewegung und Ernährung kommen im modernen Alltagsleben meist zu kurz – und das hat – unübersehbare und spürbare – Folgen. Vielleicht beginnen Sie zu schnaufen, wenn Sie die Treppe locker hinauftänzeln wollen. Oder Sie stehen in Ihrer Lieblingsbadehose vor dem Spiegel und entdecken, dass es nun Zeit für einen Einteiler mit Längsstreifen ist. Tatsache, dass alles so ist, wie es eben ist und Sie mit „Energie, bitte!" nicht in die Steinzeit flüchten können! Also gilt es, Strategien zu entwickeln, die Ihnen das Leben leichter machen. Sie müssen zwar etwas Zeit investieren, bekommen sie aber doppelt und dreifach wieder zurück. In Energie, Kreativität, guter Laune, einem ansprechenden Gesamtbild (hui!), kräftigen Muckis und vielem mehr. Und das freut schließlich auch Ihren Chef.

Die besten Fitness-Strategien

Frühstück und Mittagessen gehören zum Fitnessplan!

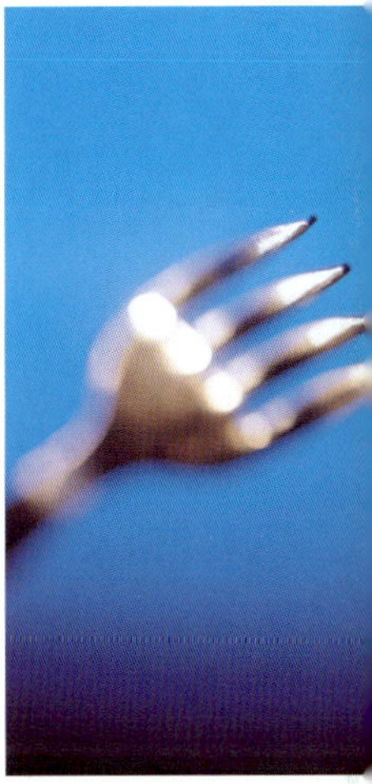

„Liebes Kind, Sie frühstücken vernünftig und essen anständig zu Mittag!", hätte Oma Franke Ihnen geraten. Und das tun Sie ab jetzt auch. Ich meine gesunde Sachen (siehe Seite 139 ff.) in optimaler Kombination (Seite 55). Wenn es mit einer längeren Mittagspause (wieder mal) nicht klappt, stellen Sie sich morgens einfach selbst einen leckeren Powersnack zusammen, den Sie in Ruhe verspeisen. Dafür muss Zeit sein. „High Noon" ist schließlich eine Zeit, in der kein vernünftiger Mensch auf diesem Planeten Hochleistung erbringt. In Südamerika machen sie um diese Zeit Siesta, und Sie? Niemand kann etwas dagegen haben, wenn Sie Energie tanken. Erst recht nicht, weil Sie danach konzentriert und effektiv weiter arbeiten. Wenn keine Chance besteht, das Firmengebäude zu verlassen, empfehle ich Ihnen, Ihre Muskeln wenigstens mit einem kleinen Indoor-Übungsprogramm (siehe Seite 161) mobil zu machen. Das beugt Durchblutungsstörungen in der Denkmaschine und an der Peripherie (eingeschlafene Füße!) vor.

Mahlzeiten über den Tag verteilen

Heißhunger kommt nicht nur von mangelhafter energetischer Ausbeute aus den Hauptmahlzeiten, sondern auch von zu langen Pausen zwischen den einzelnen Mahlzeiten. Vermeiden Sie „Schwächeanfälle" durch einen Ernährungs-Tagesplan, der drei feste Haupt-Termine und gesunde Zwischenmahlzeiten vorsieht.

Finger weg von zuckersüßen Zwischenmahlzeiten!

Zwischenmahlzeiten sind erlaubt! Snacken Sie Wertvolles: Obst, Trockenfrüchte, Fruchtriegel oder Vollkornkekse statt Schokolade und süße Teilchen vom Bäcker. Auch eine leckere Tasse Tee (z.B. Rooibostee mit Zitronengras) beschäftigt den Magen und schenkt Ihnen geschmackvolle Minuten.

Ihr Körper will abends regenerieren
Wenn Sie über den Tag verteilt genug gegessen haben, brauchen Sie abends nur noch eine kleine Portion. Lassen Sie Ihrem Verdauungstrakt Zeit, sich zu erholen, und essen Sie spätestens drei Stunden vor dem Zubettgehen nichts mehr. Ihre letzte Mahlzeit sollte wenig saure Inhaltsstoffe und viele basische enthalten. Rohkost und Salate sind als Abendmahlzeiten ungeeignet, da sie Gärungssäuren bilden. Tipp: Süppchen mit viel basenreichem Wurzelgemüse (Karotten, Sellerie, Zucchini, Fenchel, Kürbis), gewürzt mit Petersilie und Liebstöckel, dazu etwas Vollkornbrot mit leichtem Belag. Sie können das Gemüse auch dünsten und dazu z.B. Hirse essen.

Freiräume schaffen
Überprüfen Sie Ihren Wochenplan noch einmal: Gibt es Tage, an denen Sie noch etwas Zeit für Bewegung haben? Lässt sich ein Walking- oder Lauftraining direkt nach der Arbeit einschieben? Liegt das Schwimmbad auf Ihrem Rückweg? Vielleicht können Sie den Weg nach Hause auch zu Fuß zurücklegen? Wenn es Ihnen schwer fällt, Freizeit für Bewegung zu finden, versuchen Sie wenigstens, zwei- bis dreimal pro Woche sportlich aktiv zu sein. Das Wochenende und ein zusätzlicher Tag Ihrer Wahl bieten sich als Mini-Trio an.
Mit regelmäßiger und gesunder Ernährung und einem Minimum an sportlicher Aktivität wird sich Ihr Wohlbefinden deutlich verbessern. Sie fühlen sich nicht nur körperlich erfrischt, sondern pusten auch frischen Wind in die grauen Zellen. Nix da mit Schläfrigkeit während des Tages – Ihr Bedürfnis nach Schlaf wird sich auf die Nachtstunden beschränken und Sie wachen erholt auf.

Gesund essen und viel bewegen
Es stimmt. Mit regelmäßigem Ausdauertraining und gesunder Ernährung steigern Sie nicht nur Ihr Wohlbefinden, sondern reduzieren und stabilisieren auch Ihr Körpergewicht. Doch wenn Sie sich für Walking oder Jogging entscheiden um Ihr Gewicht zu reduzieren, müssen Sie strategisch vorgehen. Wer abnehmen will, muss mehr Kalorien verbrennen, als er mit der Nahrung aufnimmt. Natürlich haben Sie sich eine leckere Mahlzeit nach dem Sport verdient. Achten Sie aber darauf, dass Sie sich die „abgelaufenen“ Kalorien nicht sofort wieder einverleiben. Das bedeutet nicht, dass Sie knausern sollten: Essen Sie mit Appetit vollwertige und in Ihren Bestandteilen ausgewogene Kost.

Laufen mit Köpfchen
Oft erzählen mir Laufeinsteiger, dass Sie gehört haben, man solle ganz langsam laufen um Fett zu verbrennen. Das ist falsch. Schneckentempo ist kein Mittel, um abzunehmen! Für eine Gewichtsabnahme ist die Anzahl der absolut verbrannten Kalorien wichtig. Die absolute Menge der verbrannten Fettkalorien

nimmt mit steigender Laufbelastung zu. Der ideale Trainingsbereich für das Verbrennen möglichst vieler Kalorien liegt bei 80–85 % der maximalen Herzfrequenz. Ideal ist eine Mischung aus zügigen Läufen im Bereich dieser Frequenzzone (z.B. ein- bis zweimal pro Woche) und ruhigeren Läufen. Einsteiger brauchen eine Weile, bis sie die ihre Ausdauer verbessert haben. Sie verbrauchen aber auch im niedrigen Intensitätsbereich (rund 70 % der HFmax) bei längeren Läufen ein immer größeres Quantum an „Kalorien-Treibstoff".

Schlank werden und bleiben

Eines gleich vorweg: Es gibt sie nicht, die Super-Diät, die Ihnen einen Prachtkörper schenkt, dessen Präsenz unverzüglich zur Kollision mit einem französischen Model-Scout führt. Vergessen Sie insbesondere Diäten, bei denen in atemberaubend kurzer Zeit mit „ohne" Kohlenhydrate eine schon verdächtig große Menge an Pfunden purzeln soll. Durch eine Ernährungsform, bei der Kohlenhydrate gänzlich fehlen, werden Glykogendepots mitsamt des dort eingelagerten Wassers abgebaut und es kommt tatsächlich kurzfristig zum Verlust einiger Pfunde. Bei anderen „Schnellschrumpf-Konzepten" wird der Körper zum Energiegewinn aus Eiweißen in der Muskulatur gezwungen. Das bedeutet, dass der Diätkandidat seine Muskeln regelrecht „verzehrt".

Sie haben schon vom „Jojo-Effekt" gehört? Kaum ist die Diät beendet, sind die Kilos auch in null Komma nichts wieder dran. Kein Wunder – der Körper hat in den Zeiten des diätbedingten Mangels zum eigenen Schutz seinen Kalorien-

Grundumsatz (das ist der Kalorienverbrauch für lebenswichtige Funktionen wie Herzschlag und Atmung) heruntergefahren. Ist die Zeit der Entbehrungen vorbei und kehrt der frisch Erschlankte zu seinen normalen Essgewohnheiten zurück, beugt der Organismus erneuten Dürrezeiten vor und speichert den Nahrungsüberschuss pflichtbewusst in Vorratskammern. Da der Grundumsatz sich jedoch reduziert hat, sind plötzlich allzu viele der aufgenommenen Kalorien überflüssig und werden als Fett deponiert. Das Ergebnis: Nach der Diät wiegen viele Zeitgenossen mehr als vor der Diät.

Wie nehmen Sie clever ab und sichern Ihr Wunschgewicht? Langfristigen Erfolg haben Sie nur mit einer vollwertigen, gesunden Ernährung und ausreichender Bewegung. Wenn Sie diesen Kurs halten, werden Sie unabhängig von Diäten, und Ihre Körperstruktur verändert sich deutlich sichtbar: Weniger Fett, mehr Muskelmasse und ein angemessenes Gewicht sind dann Teil einer natürlichen Entwicklung in einem von der Natur bestimmten Zeitraum.

Ob Fett, Kohlenhydrate oder Proteine – entscheidend ist, dass Sie mehr Kalorien verbrennen als Sie zu sich nehmen! Garanten für dauerhafte Gesundheit sind eine vollwertige Ernährung und Sport.

Atkins' Geist aus der Flasche entwichen?

In den 70er Jahren sorgte die Atkins-Diät für Gesprächsstoff. Ihr Erfinder, Robert C. Atkins, versprach Erschlanken durch den unbeschwerten Konsum von Fett und Eiweiß: Bei jeder Mahlzeit durften seine Anhänger Fleisch und Eier konsumieren. Die zweifelhafte, und zu Recht von seriösen Wissenschaftlern angezweifelte Methode, geriet mit den Jahren in Vergessenheit. Mit der derzeit populären Glyx-Diät wird die Atkins-Theorie nun wieder ausgegraben. Dass dauerhafter Gewichtsverlust selbst beim „Vater" der Idee nur Wunschdenken war, beweist die Tatsache, dass Atkins als Schwergewicht mit 117 kg Körpermasse starb.

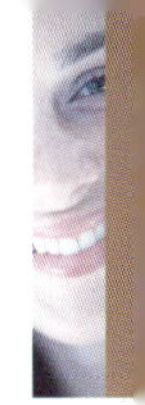

Joey Kelly, Musiker und Ausdauersportler

Kohl macht nicht fett: Joey Kelly schwört auf Gemüsesuppe

Die meisten kennen das Mitglied der berühmten Kelly-Family als Musiker. Doch ist Joey mittlerweile auch ein bekannter Ausdauersportler. Ultra-Triathlons und Marathonläufe hat er zu Dutzenden erfolgreich bestritten, mit der Rallye Paris-Dakar-Siegerin Jutta Kleinschmidt war er unlängst sogar beim legendären Race Across America (RAAM) am Start. Als Zweierteam beendeten sie das Rennen in 8 Tagen, 12 Stunden und 41 Minuten auf dem zweiten Platz und absolvierten abwechselnd insgesamt 4700 km auf dem Rad. Nonstop wurde in die Pedale getreten, nach jeweils zwei Stunden Fahrt gewechselt – knappe 120 Minuten für Entspannung, Ernährung und eine winzige Mütze Schlaf: Das RAAM gilt zu Recht als eine der größten sportlichen Herausforderungen und nötigt den Teilnehmenden ein extremes Maß an Selbstdisziplin und Kampgeist ab.
Joey Kelly's Kohl-Diät: „Mit der Kohl-Diät nehme ich nicht nur ab, sondern reinige meinen Körper auch. Anders als bei vielen anderen Programmen, kann man mit diesem Ernährungskonzept auch effektiv arbeiten und trainieren.“
„Diese Diät schmeckt richtig gut und lässt keine Langeweile aufkommen, weil sie abwechslungsreich ist. Der Körper braucht außerdem etwas Eiweiß. Die Tage mit Fleisch sowie Bananen und Milch sollen den Organismus aus dem Rhythmus bringen, denn er sollte sich nicht an die Kohlsuppe anpassen. Meine Kohl-Diät dauert meistens sechs bis acht Wochen. Es fällt mir natürlich nicht immer leicht, das Programm durchzuhalten, besonders, wenn ich auf Tour bin. Manchmal habe ich schon das Verlangen, ein knuspriges Brot oder Kartoffeln zu essen. Doch Durchhaltevermögen zahlt sich aus: In den ersten vier Wochen verliere ich neun Kilo, in den letzten vier Wochen noch einmal rund drei Kilo. “

JOEY KELLYS KOHLSUPPEN-DIÄT

REZEPT

ZUTATEN:

ein Kopf Weißkohl
Distel- oder Sojaöl
3/4 l Gemüsebrühe
etwas Kreuzkümmel
evtl. etwas Meersalz

ZUBEREITUNG:

Weißkohl in feine Streifen schneiden. Mit einem Teelöffel Kreuzkümmel in Distel- oder Sojaöl andünsten, bis er „al dente" ist. Mit Gemüsebrühe auffüllen und kurz aufkochen lassen. Eventuell mit Meersalz nachwürzen.

„Trinken ist während der Diät sehr wichtig. Ich konsumiere Wasser und Säfte ohne Zusatz von Zucker. In dieser Zeit bestreite ich keine Wettkämpfe, trainiere aber ganz normal."

WOCHENPLAN FÜR DIE KOHL-DIÄT:

Mo: Kohlsuppe, Obst und gedünstetes oder rohes Gemüse
Di: Steak, Obst, Gemüse, Kohlsuppe
Mi: Kohlsuppe, Obst und Gemüse
Do: ein Liter Milch, bis zu 9 Bananen, Kohlsuppe
Fr: Kohlsuppe, Obst und Gemüse
Sa: Kohlsuppe, Obst und Gemüse
So: Kohlsuppe, Obst und Gemüse

„Das Wesentliche ist die Reinigung des Körpers: Die Zähne sind sichtbar weißer, die Haut wird straffer, ich fühle mich nicht schlapp, sondern hellwach.
Die Diät wende ich nach meiner Wettkampfpause im Dezember und Januar an. Auch sonst achte ich sehr auf meine Ernährung, esse vollwertig (z.B. Vollkornbrot und Vollkornmüsli), viel Obst und Gemüse.
Ich bin zwar kein Ernährungsexperte, aber die Diät funktioniert bei mir hervorragend. Einige Bekannte waren zunächst sehr skeptisch, sind nach eigenen positiven Erfahrungen aber ganz begeistert."

Kalorienverbrauch im Alltag und beim Sport

Wenn Sie einer Büroarbeit nachgehen, benötigen Sie täglich etwa 2500 Kilokalorien (kcal). Bei körperlicher Schwerstarbeit steigt der Kalorienumsatz auf 6000–7000 Kalorien. Die Tour-de-France-Teilnehmer, die zwischen sechs und acht Stunden im Sattel sitzen, können bei schwierigen Bergetappen bis zu 10000 kcal verbrennen, doch „tanken" sie während des Radfahrens auch ständig Energie in fester und flüssiger Form. Ein Läufer hingegen, der sich in einem Tempo von 12 km/h (5 min/km) bewegt, verbraucht pro Kilo Körpergewicht ungefähr eine Kilokalorie. Ihren Grundumsatz berechnen Sie mit folgender Formel:

Grundumsatz-Formel:

Zum Grundumsatz muss jegliche Tätigkeit addiert werden!

1 Kalorie pro Stunde und Kilo Körpergewicht.
z.B. : 24 Stunden am Tag mal 70 kg = 1680 kcal

Die Angaben über den Energieumsatz beziehen sich auf eine Person mit 60 kg Körpergewicht.

TÄTIGKEIT	KCAL/MIN	KJ/MIN
Laufen 9 km/h	*10,0*	*41,9*
12 km/h	*11,4*	*47,7*
15 km/h	*13,1*	*54,8*
Radfahren	*8,0*	*37,6*
Gymnastik	*5,0*	*20,9*
Tennis	*10,4*	*43,5*
Volleyball	*7,3*	*30,6*
Fußball	*13,1*	*54,8*
Basketball	*16,2*	*67,9*
Eishockey	*22,4*	*93,8*
Klettern	*13,0*	*54,6*
Skilanglauf	*13,0*	*54,6*
Schwimmen (Brust)	*11,0*	*46,2*

Die Körperfettwaage zur Fitnesskontrolle

Je höher der Körperfett-Anteil ist, desto niedriger fällt der Grundstoffwechsel aus, denn Muskeln verbrauchen mehr Energie als Fettmasse. Die Muskelzellen arbeiten 24 Stunden – auch, wenn Sie schlafen. Fett hingegen ist träge Masse. Wenn zwei Leute also gleich groß sind und das Gleiche wiegen, bedeutet das

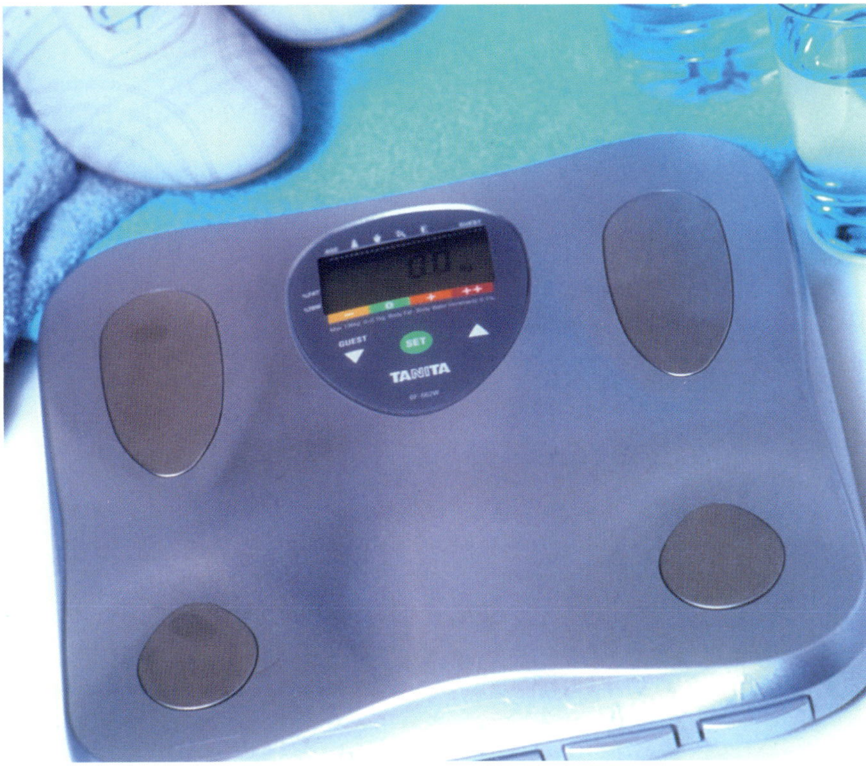

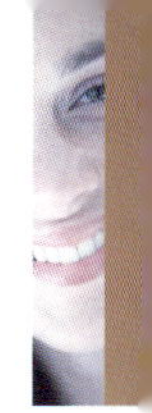

noch lange nicht, dass sie auch die gleichen Kalorienmengen essen sollten: Derjenige mit dem höheren Fettanteil müsste – will er bei gleicher körperlicher Betätigung wie sein muskulöserer Kollege nicht zunehmen – etwas weniger essen. Wundern Sie sich nicht, wenn Sie trotz fleißigen Lauftrainings nicht viel Gewicht verlieren, denn Muskeln wiegen mehr als Fett: Sie sind dennoch auf dem richtigen Weg. Regelmäßiges Laufen bewirkt, dass Sie Fett abbauen – und bald schon passen Sie wieder in bereits ausrangierte Hosen!

Die Kilogramm-Anzeige unserer guten alten Körperwaage ist zur Bestimmung Ihres körperlichen Zustands wenig aussagekräftig, weil sie Muskeln, Knochen, Wasser und Fett nicht unterscheiden kann. Interessant ist der Anteil von Muskelmasse zu Fettanteil – dieser Wert zeigt an, ob man „gut in Form" ist oder nur „gut im Futter" steht. Bei der Bestimmung hilft eine Körperfett-Messwaage, die mit einer Bio-Impedanz-Analyse arbeitet und mittlerweile in fast jedem Kaufhaus erhältlich ist.

Die Bioelektrische Impedanzanalyse (BIA) ist eine weltweit anerkannte, wissenschaftliche Methode zur Messung der für die Gesundheit und Fitness relevanten Werte: Dies sind der Körperfett- und Körperwasseranteil, die fettfreie Masse und die geschätzte Muskelmasse.

Grundlage der Messung ist die Erkenntnis, dass Strom fast ungehindert durch die in den Muskeln enthaltene Flüssigkeit fließen kann. Das gilt jedoch nicht für die im Körper enthaltene Fettmasse, die dem Strom einen elektrischen Widerstand entgegensetzt. Aus den Messwerten dieses elektrischen Widerstands lässt sich der prozentuale Anteil von Körperfett und anderer Körpermasse (z.B. Knochen) herleiten.

Es gibt mittlerweile auch Körperwaagen, die den Anteil des Körperwassers bestimmen können. Dieser sollte bei einem gesunden Erwachsenen bei rund 60 % liegen, bei Frauen kann er aufgrund des generell höheren Fettanteils auch 50–55 % betragen. Kinder dürfen mit rund 70 % den höchsten Anteil haben.

Der Bedeutung des Körperwassers für unsere Gesundheit ist in den vergangenen Jahren immer mehr Beachtung geschenkt worden. Dass Vertreter aller Alterstufen zu wenig trinken, ist seit langem bekannt – daran hat auch der steigende Verbrauch von Mineralwasser nichts ändern können. Vor allem ältere Menschen leiden oft an Dehydrierung. Sie kann nicht nur Kopfschmerzen und eine nachlassende Gedächtnisleistung, sondern durch eine Blutverdickung auch massive gesundheitliche Beeinträchtigungen wie Herz- Kreislauf-Probleme und eine erhöhte Schlaganfall- und Infarktanfälligkeit auslösen. Optimale Körperwasserwerte sichern ein reibungsloses Funktionieren des Stoffwechsels, fördern die Regeneration der Zellen und bremsen deren Alterung. Alle Organe, und sogar die Bandscheiben, profitieren von einer optimalen Hydrierung. Selbst äußerlich macht sich eine gute Feuchtigkeitsversorgung bemerkbar: Die Haut ist praller und bleibt auch ohne Feuchtigkeitscremes länger faltenfrei.

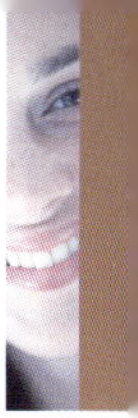

Wie Sie Ihr Normalgewicht bestimmen

Bestimmen Sie mit dieser Maßtabelle Ihren „Body-Mass-Index“: Legen Sie ein Lineal links bei Ihrer Körpergröße und rechts bei Ihrem Gewicht an. So können Sie in der mittleren Spalte Ihren BMI ablesen.

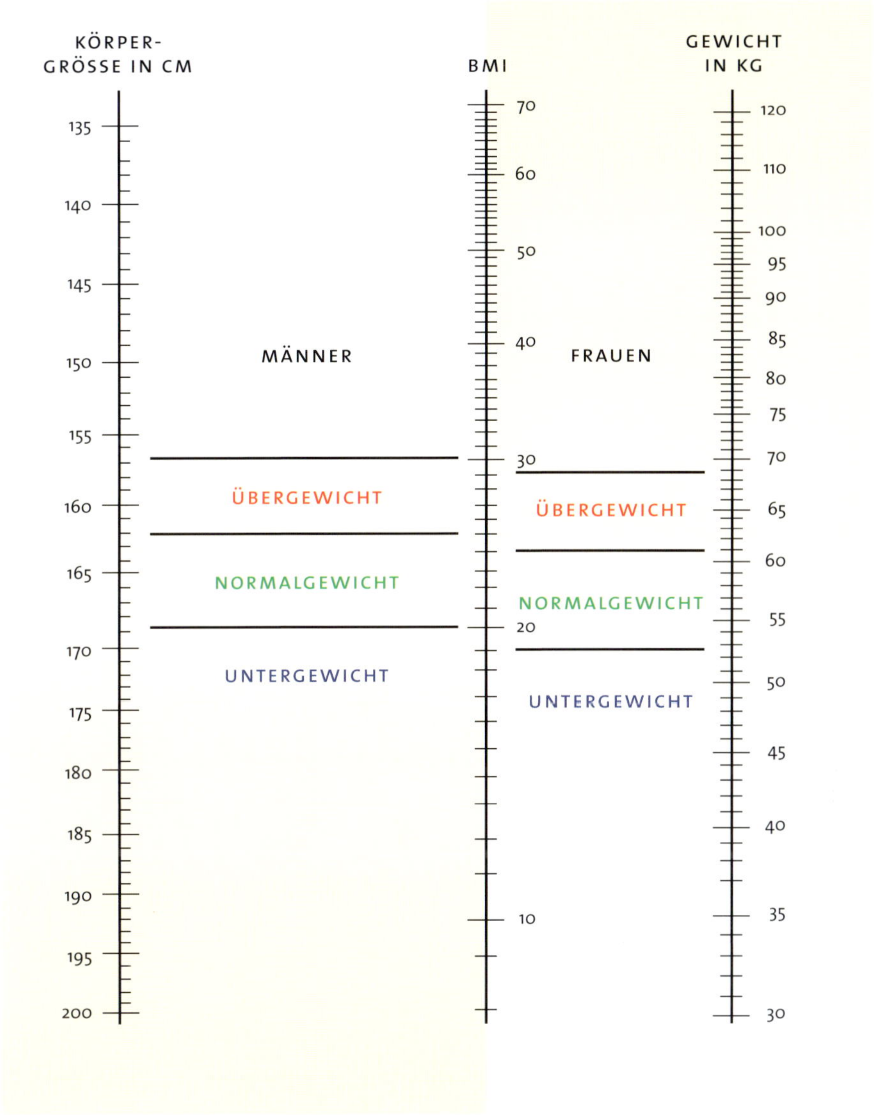

Register

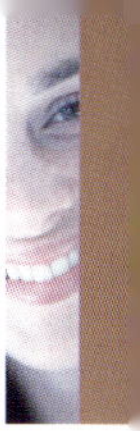

Literaturverzeichnis

- Bergmüller/Okresek: Das Hermann Maier Trainingsprogramm, München 2004
- Bachmann, R.: Natürlich gesund durch Säure-Basen-Gleichgewicht, Stuttgart 1998
- Batmanghelidj, F.: Sie sind nicht krank, Sie sind durstig, Kirchzarten bei Freiburg,
- Batmanghelidj, F.: Wasser, die gesunde Lösung, Kirchzarten bei Freiburg 2003
- Franke, S.: Laufen, Pfaffenweiler 2004
- Franke, S.: Nordic Walking, Pfaffenweiler 2004
- Franke, S.: Walking, Pfaffenweiler 2004
- Frey, U.: Sauerkrautsaft, der Jungbrunnen für den Darm, Fulenbach/Schweiz 1999
- Friesinger, A.: Meine besten Fitness-Tipps, München 2004
- Hawley, J.: Bhagavad Gita, München 2002
- Hellmiß, M.: Natürlich heilen mit Apfelessig
- Karrer, A.: Michael Schumachers Lieblingsgerichte, Stuttgat 2001
- Kissel, R.: Soja und Tofu, Frankfurt/Main 2002
- Krämer/Grimm: Shiitake und Austernpilze, Darmstadt 2002
- Leitzmann/Hahn: Vegetarische Ernährung: Gesund und bewusst essen, Stuttgart 1998
- Konopka, P.: Sporternährung, München 2003
- Meyer, M. E., Spirulina. Das blaugrüne Wunder, Aitrang 2002
- Opitz, C.: Ernährung für Mensch und Erde, Freiburg 2001
- Risi/Wolf/Zürrer: Vegetarisch leben, Zürich 1991
- Rosin, F.: Schmackofatz! Einfach gut kochen, München 2004
- Steffny/Pramann/Doll: Perfekte Lauftraining – Das Ernährungsprogramm
- Wagner/Peil/Schröder: Trink dich fit!, Darmstadt 2004
- Zerbst/Jochum-Guillou: Algen – natürliche Quelle der Vitalität, Stuttgart 1998

5 am Tag
OBST & GEMÜSE

www.5amtag.de

Impressum

AUTOR
Stéphane Franke

JAHRESZEITEN-REZEPTE
Frank Rosin

VERLAG
Verlag weropress GmbH
Schwabenmatten 3, 79292 Pfaffenweiler
Tel.: 07664 / 600015, Fax: 07664 / 8574

LAYOUT, SATZ UND GRAFIKEN
Gesine Eisfeld | Büro für Gestaltung

UMSCHLAGFOTOS
Titel: Jump, Hamburg; *Rückseite:* Peter Kallwitz, Marl

LEKTORAT
Freya Norden

KORREKTOR
Wolfgang Jost

DRUCK UND VERARBEITUNG
Gulde Druck GmbH, Tübingen

Hinweis: Die Ratschläge in diesem Buch sind vom Autor und Verlag sorgfältig erwogen und geprüft worden. Dennoch erfolgen alle Angaben ohne Gewähr. Eine Haftung des Autors bzw. des Verlags und seiner Beauftragten für Personen-, Sach- und Vermögensschäden ist ausgeschlossen.

Bildnachweis: Brooks: 168-169; CMA: 16, 17, 28, 55, 66-67, 68, 76, 79, 84, 90, 117, 123, 125, 126, 127, 193, 205, 248, 250; Eurosport: 118; Heuberger, Michael: 57 (2); Imago: 25, 63, 80, 131, 135, 143 (2), 165, 201, 207 (2), 227; Kallwitz, Peter: 8, 13, 20; K2: 73; Karstadt Ruhr-Marathon: 196, 206, 217, 218, 219, 251; Möldner, Olaf: 30, 60, 62, 91, 94-95, 114, 124, 134, 138, 154, 156, 159, 161-164, 186-187, 192, 198-199, 226; Odlo: 32-33, 48-49, 71, 85, 128, 129, 146-147, 148, 152, 158, 204, 212-213, 215, 221, 230-231, 246, 256; PhotoPool: 11; Privat: 131, 220, 223; Rapunzel: 61; Reebok: 52, 149, 151; Ruband, Jean-Pierre: 211; Rußhardt, Katja: 78; Simon, Sven: 216; Tanita: 255; Teubner FoodFoto: 27, 35, 37, 39, 41, 43, 45, 47, 59, 65, 75, 83, 87, 93, 97, 99, 101, 103, 105, 107, 109, 111, 121, 133, 137, 140, 142, 145, 167, 171, 173, 175, 177, 179, 181, 183, 185, 203, 209, 229, 233, 235, 237, 239, 241, 243, 253.

Fitness Model: 161–164, Jana Schönenberger, Potsdam

Rezept auf Seite 26 von Armin Karrer | Restaurant Zum Hirschen
Hirschstrasse 1, 70734 Fellbach, Tel.: 0711 / 957937